AI와 로봇이
인류를 대체하기
시작한 세상

직무의
종말

AI와 로봇이
인류를 대체하기
시작한 세상

직무의 종말

최준형 지음

파지트

경기대 대학원 직업학과 **안윤정** 교수

《직무의 종말》은 전문자격증의 종말, 숙련도의 종말, 직무경계의 종말, 정규직의 종말 등을 통해 직무 종말에 대한 이야기를 담고 있다. '종말'이란 단어가 사용되는 맥락을 고려해볼 때, 저자는 이 기술의 발달이 우리의 삶과 거리가 먼 다른 세상의 이야기가 아니라 우리 일상과 직업생활에 직접적인 연관이 있음을 강하게 환기시키고 있다. 저자는 앞으로 AI를 아는 자와 모르는 자의 격차에 대한 우려와 더불어 사람들이 이 변화에서 새로운 기회를 찾기를 바라는 진심, 그러면서도 '인간다움'의 본질에 대한 물음도 잊지 않고 있다. 이 책은 '종말'이라는 단어를 선포함으로써 독자들에게 이전의 낡은 사고방식과 익숙함에 안주하지 않고 각자의 장에서 이 변화의 시작에 올라타 새로운 패러다임을 설계하고 이끄는 역할을 해주기를 당부한다. 이를 위해 개인과 조직이 해야 할 일과 방향에 대해 친절하게 안내해주고 있어 유용한 자료로 읽어보기를 추천한다.

대한리더십학회 상임이사 **김희봉** 박사

이 책은 불안한 현재와 불확실한 미래를 이야기하지 않는다. 게다가 트렌디한 것에 초점을 맞춘 것도 아니다. 오히려 실제 나타나는 현상과 사실에 기반한 접근을 하고 있다. 그래서 보다 객관적으로 현실을 직시하게 해주고 앞으로의 접근 방향을 생각할 수 있게 만든다. 이런 점에서 보면 이 책은 특히, 조직의 리더들이 먼저 읽어볼 필요가 있다. 리더가 다양한 관점과 프레임을 가지고 있는 것이 중요하기 때문이다. 아울러 전문가를 비롯해서 제반 분야에 있는 이들에게도 일독을 권한다. 이 책은 위기를 말하는 것이 아니라 기회를 말하고 있기 때문이다.

삼정KPMG 사이버보안 컨설팅 김소희 이사

AI 기술의 급속한 발전이 우리의 일상과 직업 세계에 가져올 변화는 놀랍다. 기업들도 이러한 변화에 경쟁력을 확보하기 위해 적극적으로 AI 도입을 준비하고 있다.《직무의 종말》은 이와 같은 시대적 변화를 쉽고 명확하게 설명하며, 새로운 시대에 대비하는 방법을 제시한다. 사이버 보안과 개인정보 보호 분야에서도 AI 기술의 활용과 AI로 인해 발생할 수 있는 이슈에 대한 논의가 활발하다. 모든 영역에서 AI 시대를 준비하고 있는 가운데, 이 책은 AI 기술을 어떤 목적으로 사용하고, 어떻게 활용하는지가 개인의 발전과 기업의 성장을 좌우할 새로운 시대를 준비하기 위한 깊은 통찰을 제공한다. 기술, 보안 그리고 미래의 직업에 관심 있는 모든 이에게 이 책을 추천한다.

LG전자 정재웅 책임연구원

기술의 미래와 인간의 역할이 어떻게 변화할지에 대한 통찰을 제시하는《직무의 종말》을 적극 추천한다. 이 책은 AI와 자동화가 가져올 노동시장의 변화를 선명하게 그려내고 있으며, 우리가 기술 변화의 물결 속에서 어떻게 적응하고 준비해야 하는지에 대한 실용적인 조언을 전한다. 최근 인공지능 분야에서 일하면서 느낀 점은 기술의 경계가 무너지고 한 분야의 전문성의 중요성이 퇴색되고 있으며, 이 분야의 진입장벽이 상당히 낮아졌다는 것이다. 또한 이제 기술은 단순히 편리함을 넘어 우리의 작업 방식 자체를 재정립하고 있다는 점이다. 이 책은 그러한 기술 진보의 실제 영향을 일상적인 업무 환경에 적용하여, 독자들이 미래 지향적인 사고를 가질 수 있도록 이끈다. 변화하는 시대에 필요한 지식을 습득하고, 지속적인 자기계발을 통해 새로운 직업 세계에 성공적으로 적응하고자 하는 모든 분에게 이 책을 권한다. 《직무의 종말》은 우리가 미래의 일자리를 준비하는 데 있어 중요한 길잡이가 될 것이다.

현대자동차 최재섭 책임연구원

《직무의 종말》은 기술의 발전이 우리의 일터와 직업 세계에 미치는 영향을 다룬다. 특히 인공지능과 로봇 등 자동화의 급격한 발전이 기존 직업에 어떠한 변화를 미치는지 흥미로운 사례로 이해하기 쉽게 설명한다.

자동차 산업 내에서도 직무의 변화는 뚜렷하다. 이전에는 상상할 수 없었던 방식으로 자동화와 지능형 시스템이 도입되고 있다. 이는 우리가 일하는 방식을 근본적으로 바꾸고 있고, 회사에서도 조직원에게 요구하는 역량은 변하고 있다. 이 책은 이러한 변화에 대한 긴장감과 함께 직무에 있어서 자기계발의 방향성을 제시하고 있다. 기술 발전의 최전선에서 일하는 사람, 자신의 직업이 미래에 어떻게 변할지 궁금해하는 사람에게 필요한 책이다.

삼성SDS 김명주 프로

《직무의 종말》은 기술과 인간의 미래에 대한 깊이 있는 통찰을 제시한다. IT 서비스를 운영하는 엔지니어로서 봤을 때, 이 책은 기술 발전이 앞으로 우리의 직업에 미치는 영향을 흥미롭게 제시하고 있다. 인공지능과 자동화가 노동시장에 가져올 변화를 명확하게 그리고 있으며, 우리 모두에게 새로운 시대 변화를 준비하라는 강력한 메시지를 전한다.

현대 사회에서 서버 개발과 같은 IT 직무는 끊임없이 변화하고 있다. 이 책은 이러한 변화를 두려워하기보다는 받아들이고 빠르게 적응하는 자세가 중요하다는 것을 강조한다. 또한, 미래에 성공적으로 나아가기 위해서는 지속적인 학습과 자기계발이 필수적임을 일깨워 준다.

《직무의 종말》은 단순히 변화하는 시장을 예측하는 것을 넘어, 이 변화가 우리 각자의 삶에 어떻게 영향을 미칠지를 심도 있게 탐구한다. 대중이 이 책에 관심을 가지게 될 것은 단순한 전망을 넘어서 우리가 직면할 현실에 대한 해법을 찾고자 하는 욕구 때문이다. 이 책을 통해 우리는 미래의 직업 세계를 더욱 잘 이해하고 준비할 수 있을 것이다.

1장

직무의 종말 시대로 향한 세기말적 현상들

4장

정규직의 종말

7장

직무의 종말 시대에서 살아남기

직무의 종말 시대, 당신은 준비되어 있습니까?

"평생을 바친 AI 연구를 후회한다."

AI 아버지로 평가받는 제프리 힌턴 교수가 구글을 퇴사하며 남긴 말입니다. AI 개발에 평생을 바친 그가 구글을 퇴사한 이유는 AI의 위험성을 세상에 알리기 위해서라고 합니다. 핵 무기 개발로 전쟁을 막을 수 있을 것이라고 생각한 당대 최고의 과학자 오펜하이머는 핵 무기의 실상을 보고 "나는 이제 죽음이자 세상의 파괴자가 되었다"라고 스스로를 자조하는 모습이 떠올랐습니다. 제프리 힌턴 교수의 후회에서 오펜하이머가 겹쳐집니다. 그가 연구한 AI가 핵무기만큼이나 인류의 역사에 엄청난 영향을 줄 것을 암시하고 있는 것처럼 느껴집니다. 실제로 일론 머스크는 "AI가 핵 무기보다 더 위험하다"는 경고를 남기기도 했습니다.

하루가 다르게 쏟아지는 AI와 로봇 이슈, AI 발전 속도를 보며 많은 사람이 위기 의식을 넘어 두려움을 느낍니다. 한편에서는 'AI

와 로봇이 얼마나 우리의 삶에 영향을 주겠어?'라고 생각하며 일상을 살아갑니다. 보이지 않지만 그들 사이에 따라잡을 수 없는 격차가 발생하고 있습니다. 챗GPT가 출시된 지 1년도 되지 않은 시점에서 본격적으로 우리의 일자리를 위협하고 있으며, 인류의 반응은 환호와 비명 사이를 갈팡질팡하고 있습니다.

그야말로 직무의 종말 시대가 다가오고 있습니다. 어쩌면 우리는 새로운 시대 첫 단에 이미 서 있는 것일지도 모르겠습니다. 내가 원하는 보고서, 블로그 글, 프레젠테이션, 스프레드시트, 디자인, 영상, 홈페이지까지 단 몇 줄의 프롬프트와 몇 번의 클릭으로 만들 수 있게 되었습니다. 여러 명이 업무를 구분해 나눠서 일을 해도 시간이 부족했지만, 자동화 프로그램과 생성형 AI의 도움을 받으면 단 몇 시간 만에 원하는 것 이상의 퀄리티를 뽑아낼 수 있게 되었습니다.

산업화 시대에 기계의 움직임에 맞춰 노동력을 배치했던 모습을 생각한다면 이제는 사람의 생각에 맞춰 자동화 도구(AI, 로봇 등)를 배치하는 세상으로 변해가고 있습니다. 기계에 일을 맞추기 위해 분업을 했고, 그것을 개개인 단위로 구분한 것이 바로 '직무'입니다. 자동화 도구들이 개개인을 뒷바라지하는 시대에서 직무는 결국 종말을 맞이하게 됩니다.

역설적이게도 꺼져가는 불꽃이 가장 밝게 타오르듯 모든 기업과 전문가가 직무에 주목하고 있는 지금, 직무는 빠르게 종말을 향해가고 있습니다. 리더들이 팀을 이끌던 모습에서 이제는 직원들이 AI를 이끄는 리더가 됩니다. 영상을 제작하는 과정도 PD, 작가, 촬영, 조명, 연출, 출연자, 편집, 효과 등으로 세부적으로 나누어 있던 직무가 이제는 크리에이터 혼자서 모든 일을 처리할 수 있게 되었습니다. 여기에 AI와 로봇이 업무를 돕는다면 사람들은 모두 말 한마디로 모든 일을 진두지휘할 수 있을 것입니다. 마치 로마시대의 귀족들이 많은 노예를 부리며 살았듯, 우리의 모습도 지금과는 크게 달라질 것입니다.

하지만 과거에 개인들은 '맡은 업무를 얼마나 잘 추진하느냐'로 평가되었다면 이제는 성과의 주체로서 그야말로 '성과를 얼마나 달성했느냐'로 종합적인 평가를 받게 될 것입니다. 기업도 직무가 아니라 성과를 기준으로 조직을 구분하고 기존과는 전혀 다른 평가체계로 업무를 분배하게 될 것입니다.

검은 백조와 검은 코끼리가 동시에 우리에게 달려오고 있습니다. 전에 없었던 새로운 문제점(블랙스완Black Swan)들과 이미 예상은 하고 있지만 어떻게 해결해야 할지 몰라 못 본 척하고 있는 일(검은 코끼리Black Elephant)들이 우리를 덮치고 있습니다. 정답이 사라진 시대, 우리는 새로운 답을 찾아야만 합니다. 직무의 종말 시대는 여러분에게 묻고 있습니다.

"직무의 종말 시대, 당신은 준비가 되었습니까?"

책은 이렇게 진행됩니다.

1장에서는 '직무의 종말'이 다가오고 있는 변화의 징조들을 소개합니다. '직무의 종말' 시대로 전환하고 있는 세기말적 현상들에 대해 살펴보고 '직무의 종말' 시대는 어떤 모습일지 그림자를 살펴볼 것입니다.

2장에서는 '전문가의 종말'이 어떻게 우리 곁에 다가오고 있는지를 소개합니다. 지금까지 우리가 알고 있는 전문가의 영역이 자동화(AI와 로봇기술)로 어떻게 변해가고 있는지 각 직무들의 현실을 알아보겠습니다.

3장에서는 '직무경계의 종말'로 산업과 기업 속에서 직무가 어떻게 통합되어 가는지 소개합니다. 많은 직무가 어떻게 합쳐지고 통합되어 가는지, 그 단상을 통해 '직무의 종말'이 어떻게 다가오는지에 대해 살펴보겠습니다.

4장 '정규직의 종말'에서는 정규직이 계약직과 긱 워커로 대체되어 가는 과정을 소개합니다. 일자리의 개념이 빠르게 바뀌고 있습니다. 이 과정에서 우리는 앞으로 일을 어떻게 생각하고 받아들여야 할지 살펴보겠습니다.

5장 'AI 격차의 탄생'에서는 AI가 보급되면서 AI를 활용하는 사람과 AI를 활용하지 않는 사람이 구분되기 시작합니다. 처음에는 차이가 크게 보이지 않지만 시간이 흐를수록 그 차이는 걷잡을 수 없이 벌어질 것입니다.

6장 '직무의 종말' 시대에서는 직무들이 사라진 그 자리는 무엇으로 채워질지 알아보는 시간입니다. 존재하고 있지 않지만 이미 존재하는 '직무의 종말' 시대는 어떻게 변화하고, 어떻게 대처해야 할지 알아봅니다.

7장 '직무의 종말 시대에서 살아남기'에서는 직무의 종말 시대에서 살아남기 위한 'How to'를 소개합니다. 개인 차원에서, 조직 차원에서 우리는 어떻게 해야 할까요? 너무나 빠르게 변해가는 시대에 우리가 대응할 수 있는 방법에 대해 나눠보겠습니다.

'위기는 기회'라고 했습니다. 큰 개념의 변화가 다가오고 있는 직무의 종말 시대는 그동안 기회를 얻지 못했던 사람들에게는 절호의 기회가 될 수도 있습니다. 디스토피아적인 제목과는 다르게 '직무의 종말' 시대를 준비한 개인은 지금까지 얻지 못했던 새로운 기회를 얻게 될 것입니다.

책에서 말하고 있는 직무의 의미는 표준국어대사전에서 활용하고 있는 정의로 '직책이나 직업상에서 책임을 지고 담당하여 맡은 사무'를 뜻합니다. HR이나 직업학에서 제시하는 직무의 개념보다는 포괄적인 개념으로 활용하고 있으니 책을 읽을 때 참고하시기 바랍니다.

책을 집필하는 동안 줄곧 책의 제목을 '직업의 종말'과 '직무의 종말' 사이에서 고민했습니다. 직무가 사라지면 그 영향은 어느새 직업의 영역에까지 닿지 않을까 하는 생각이었습니다. 하지만 지금 당장 자동화 기술이 우리에게 주는 영향은 직무 영역에서부터 시작되고 있기 때문에 책의 제목을 '직무의 종말'로 정했습니다.

이 책을 쓸 수 있도록 용기를 북돋아주신 플랜비디자인 최익성 대표님과 책이 세상에 나올 수 있도록 힘써주신 콰지님께 감사드립니다. 책이 완성되는 동안 늘 지지와 응원을 아끼지 않은 사랑하는 와이프 유현옥과 글 쓰는 동안 애교로 힘을 불어 넣어준 딸 최로아에게도 사랑의 마음 전합니다. 마지막으로 절망의 문턱에서도 빛으로 인도해주신 사랑의 아버지 하나님께 감사드립니다.

아직까지는 우리에게 '직무의 종말'은 너무나 생소하고 멀게만 느껴집니다. 하지만 인류는 산업화 시대 이전까지 직무를 구분하지 않았다는 점을 떠올려야 합니다. 자동화 기술을 통해 직무의 틀에 갇히지 않고 더 자연스럽고 자유로운 거대한 개인을 만나게 될 것입니다.

직무의 종말 시대를 탐험할 준비가 되셨나요?
그렇다면 지금 떠나 보시죠!

1 장

직무의 종말
시대로 향한
세기말적 현상들

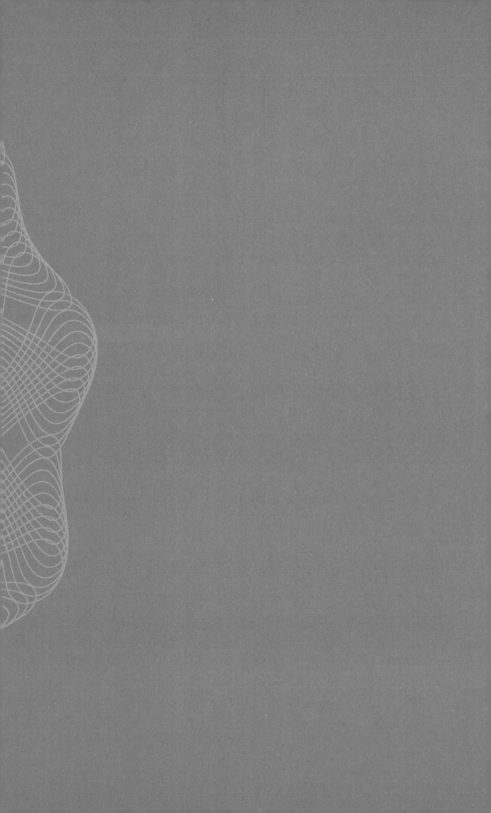

인트로

"인생은 우리에게 일어나는 일이 10%이고, 우리가 그것에 어떻게 반응하는지가 90%이다(Life is 10% what happens to us and 90% how we react to it)."

— 찰스 R. 스윈돌(Charles R. Swindoll)

N잡러, 1인 창업, 긱 워커 등 한 사람이 오롯이 자신의 인생을 책임지는 시대에서 이들의 직무는 무엇일까요? 마지막 불꽃이 더 밝게 빛나듯 '직무의 종말' 시대에는 직무를 더욱더 소리내 외칩니다. 직무는 '직업상에서 책임을 지고 담당하여 맡은 임무'라는 의미를 가지고 있습니다. 직무라는 개념은 대량생산과 분업이라는 시스템이 발전하면서 한 사람이 일을 맡아야 하는 범위가 필요했기 때문에 생겨났습니다. 지금까지도 공고해 보이는 직무의 개념은 아주 조금씩 균열이 생기고 있습니다.

1인 식당을 창업해 운영하는 사장님은 가게를 오픈하고, 자동화된 도구로 요리를 하고, 키오스크로 주문을 받고, 로봇으로 서빙합니다. 자동화로 과거 요리사, 캐셔, 서빙 등 3~4명이 분업해야 했던 일을 혼자서도 충분히 감당할 수 있습니다. 자동화 기술로 무장한 거대한 개인이 등장하면서 직무의 개념은 오히려 시대를 대변하지 못하는 개념이 되었습니다.

이번 장에서는 직무의 종말 시대로 전환하고 있는 세기말적 현상들에 대해 살펴보고 직무의 종말 시대는 어떤 모습일지 그림자를 더듬어 보았으면 합니다.

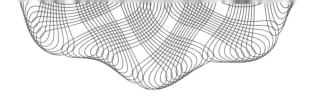

01

21세기판 '존 헨리'의 등장

기계가 사람들의 일을 대체하기 시작했던 그 순간, 직무의 종말은 아주 조금씩 우리 곁으로 다가오고 있었습니다. 산업화 시대의 막이 오르고 증기터빈과 각종 기계들이 배치되며 인력과 동물의 힘에 의존해왔던 일들이 기계로 대체되기 시작했습니다. 이전에는 한 사람이 할 수 있는 일의 범위를 고려해 노동이 구성되었다면, 산업화 시대에는 사람이 중심이 아니라 기계에 맞춰 인력을 배치하고 노동을 구성해왔습니다. 노동 과정에서 사람들은 인간다움과는 먼 노동을 하게 되었습니다. 감성, 개성, 욕구 등은 과학이라는 달콤한 단어에 묻혀 드러나지 못했습니다.

인간의 노동이 기계에 의해 어떻게 대체되었는지 그 과정을 되짚어 보면서 우리가 처해 있는 '직무의 종말' 시대를 살펴봤으면 합니다. 여러분은 존 헨리를 아시나요?

과거: 존 헨리를 아시나요?

존 헨리^{John Henry}는 1848년에 출생한 미국을 대표하는 전설적인 광부입니다. 존 헨리는 180cm가 넘는 건장한 체구의 흑인이었습니다. 그는 무척 힘이 세서 웬만한 노동자 네다섯 명의 일을 혼자서 거뜬히 했다고 합니다. 당시 미국은 한창 '아메리칸 드림'을 향해 달려가던 시기였고, 존 헨리가 거주하는 지역에서도 철도를 깔기 위해 터널을 뚫는 공사가 한창이었습니다.

존 헨리는 새롭게 시작하는 공사도 여느 때처럼 다이너마이트로 바위를 깨뜨린 후 곡괭이로 돌을 부수고 옮기는 방식으로 일할 것이라고 생각하고 준비했습니다. 하지만 건설사는 투입되는 인력을 줄이고 인건비를 아끼기 위해서 당시 최신기술로 개발된 '굴착기'를 도입하게 됩니다. 예상과는 다른 회사의 결정에 노동자들은 반발합니다. 노동자들의 일자리가 사라지는 문제도 있었지만 굴착기가 인간만큼 일을 해내지 못할 것이라는 부분도 중요한 이슈였습니다. 노동자들은 당연히 기계가 인간만큼 일을 해내지 못할 것이라고 여겼기 때문입니다.

그림 1 | 전설적인 광부 존 헨리를 표현한 이미지

결국 이야기의 주인공인 존 헨리가 나서서 인간과 굴착기의 대결을 제안합니다. '인간 vs 기계'를 직접 비교해보면 어느 쪽이 더 효율적인지 눈으로 확인할 수 있으니까요. 그래서 존 헨리와 굴착기가 동시에 터널의 길을 뚫어보는 대결은 성사되었고, 인간과 기계의 대결이 시작됩니다. 결과는 어떻게 되었을까요?

놀랍게도 터널을 먼저 뚫고 나온 쪽은 굴착기가 아닌 존 헨리였습니다. 결국 인간이 기계를 이기고 효율성을 입증하게 됩니다. 하지만 이야기가 여기서 끝났다면 존 헨리의 리더십, 노동력의 가치 등에 대한 교훈을 얻을 수 있는 이야기로 남았을 것입니다. 이 이야기의 진짜 마지막은 죽을힘을 다해 터널을 뚫은 존 헨리는 굴착기를 이긴 승리를 제대로 누려보지 못하고 안타깝게 죽음을 맞이합니다.

존 헨리의 이야기는 인간 노동력의 한계를 정확하게 설명하고 있습니다. 먼저, 인간이 기계보다 더 뛰어날 수 있지만 존 헨리가 아닌 다른 사람이 이 대결을 했다면 쉽게 기계를 이기지 못했을 것입니다. 이를 통해 인간의 노동력은 개인의 능력에 따라 다르다는 점을 알 수 있습니다. 또 존 헨리의 노동력은 다른 사람으로 대체하기 어렵지만, 기계는 다른 기계로 쉽게 대체할 수 있다는 점입니다. 존 헨리의 이야기는 산업화 시대가 본격적으로 퍼져가던 시기에 인간의 노동력에 대해 깊이 생각해보게 합니다.

이후 광업, 농업 등에서 기계는 빠르게 인간의 노동력을 대체하기 시작했습니다. 1940년부터 약 30년 사이에 미국 남부에서 노동력을 제공하던 500만 명의 흑인들이 북부로 일자리를 찾아 대이동을 하게 되었습니다. 농업이 중심이었던 남부와는 달리 북부는 제조업 중심이었기 때문에 흑인 노동자들은 제조업에 기대를 걸었습니다. 하지만 1950년대 중반부터 미국 제조업도 빠르게 인간의 노동력이 기계로 대체되면서 1953년부터 1962년까지 약 160만 명

의 제조업 노동자들이 일자리를 잃게 되었습니다.[1]

이런 비극은 흑인에게만 일어난 것이 아니라 전 세계 노동자로 퍼져갔습니다. 간단한 노동을 대체할 수 있는 기술에 집중적으로 투자하면서 1981년으로부터 약 10년 사이에 미국 제조 부문에서 180만 개가 넘는 일자리가 사라졌으며, 독일 제조 부문에서는 1992년 이후 겨우 1년 만에 약 50만 개의 일자리가 사라졌습니다. 이런 변화는 기업들이 노동자에게 임금을 지불할 능력이 없기 때문이 아닙니다. 기술 개발로 기업들은 더 이상 노동자들의 노동력에 이점이 없었던 것입니다. 앞서 소개한 데이터들이 주는 메시지는 간단합니다. 단순한 노동의 가치는 시간이 갈수록 떨어진다는 것입니다.

기계가 인간의 노동력을 대체하고 사람들은 기계에 등 떠밀려 일자리에서 내몰리는 상황이 지속됩니다. 사회는 생산수단을 가진 자본가와 노동력을 제공하는 노동자로 구분되었고, 경제는 한쪽으로 돈이 쏠려 더 이상 돈이 돌지 않습니다. 일자리를 잃고 돈이 없는 노동자들은 분노합니다. 20세기에 불어닥친 자유진영과 공산진영의 체제 경쟁, 경제 대공황, 대규모 시위 집회는 어쩌면 기계와 인간의 노동력 경쟁에서부터 시작된 일이라고도 볼 수 있습니다.

19세기 중반 존 헨리의 이야기가 21세기를 살아가고 있는 우리에게 전혀 낯설지 않은 이유는 무엇일까요? 20세기까지만 하더라도 기술 개발로 인한 노동력의 대체는 주로 제조업 분야에 한정되어 있었습니다. 일자리를 잃은 사람들을 서비스업 등 다른 직군에서 일할 수 있도록 인력을 흡수할 수 있었죠. 하지만 주위를 둘러보면 키오스크, 주차요금 정산기, 스마트폰 은행 앱 등 인간을 둘러싸고 있는 모든 일이 기술로 대체되고 있는 지금, 우리에게 '일(노동)의 미래'를 고민하게 합니다.

현재: 기업과 직원의 쌍방과실

생산직 대체에서 사무직의 대체로

기계는 과거서부터 지금까지 꾸준히 인간의 노동력을 잠식해 왔습니다. 하지만 인간들은 자신만만했죠. 단순한 업무는 기계가 대체할 수 있었지만, 인간의 분석 능력과 창의력은 결코 기계가 따라 할 수 없다고 생각했기 때문입니다. 인간들이 의도했든지, 의도하지 않았든지 의사, 법률가, 프로그래머 등 최근 인기 있는 직업들만[2] 살펴보더라도 기계가 대체할 수 없을 것이라 여겨지던 일들입니다. 다시 말해 인간의 분석력과 창의력을 고도로 발휘하는 직업이죠. 결국 기계가 사람을 대체할 수 있느냐가 직업의 인기에도 상당한 영향을 준다는 것을 알 수 있습니다.

〈표 1〉과 같이 과거에는 전화교환원, 전차운전사, 택시운전사,

버스안내원 등 비교적 작업이 단순한 직업들도 관심을 받았습니다. 지금 소개한 직업들이 지금은 비교적 단순해 보이나 그 당시에는 사람만이 할 수 있다고 여겨졌던 일들입니다. 하지만 지금에 와서는 관심이 떨어지거나 사라진 이유도 이제는 기계에 의해 대체 가능하거나 대체 가능한 수준까지 기술이 발전했기 때문입니다. 시대별로 인기 있는 직업이 바뀌는 이유는 직업이 언제 사라질지 모른다는 걱정이 직업 선호도에 영향을 미쳤다고 볼 수 있습니다.

표 1 | 시대별 인기 직업

1950년대	1960년대	1970년대	1980년대	1990년대	2000년대
군 장교	택시운전사	트로트 가수	증권·금융인	프로그래머	공인회계사
의사	자동차엔지니어	건설기술자	반도체 엔지니어	벤처기업가	국제회의 전문가
영화배우	다방DJ	무역업 종사자	야구선수	웹마스터	커플매니저
권투선수	은행원	화공엔지니어	탤런트	펀드매니저	사회복지사
타이피스트	교사	기계엔지니어	드라마프로듀서	외환딜러	IT컨설턴트
의상디자이너	전자제품기술자	비행기 조종사	광고기획자	가수	인테리어디자이너
서커스 단원	가발기술자	대기업 직원	카피라이터	연예인코디네이터	한의사
공무원	섬유엔지니어	노무사	선박엔지니어	경영컨설턴트	호텔지배인
전화교환원	버스안내양	항공 여승무원	통역사	M&A전문가	프로게이머
전차운전사	방송업계 종사자	전당포 업자	외교관	공무원	생명공학연구원

(김병숙, 《한국직업발달사》, 이종구, 〈한국직업변천사〉 논문 참고)

생성형 AI가 등장한 이후 '인간은 대체될 수 없는 특별한 존재'라는 자신감은 산산조각나 버립니다. 인간만이 할 수 있다고 생각해온 분석력과 창의력 등의 능력마저 AI가 대체할 수 있게 된 것이죠. 인간의 지적 노하우가 집약된 직업이라고 불리는 의사, 법률가[3] 등의 선발평가에서 AI는 이미 합격 수준의 평가 결과를 (앞으로는 더 발전하겠지만) 내놓고 있습니다.

또 창의력 분야에서도 인간 고유의 능력이라고 생각해왔던 예술의 경우에도 생성형 AI를 활용하는 시도들이 다양하게 이어져 오고 있습니다. 그중에서도 생성형 AI의 위력을 전 세계에 알린 일대 사건이 있었습니다. 2022년 8월 '콜로라도 주립 박람회 미술대회'에서 생성형 AI '미드저니Midjourney'가 인간을 제치고 디지털 아트 부문에서 우승을 차지한 것입니다. AI가 그린 수상작의 이름은 '스페이스 오페라 극장Theatre D'opera Spatial'입니다. 전 세계 미술계를 긴장하게 만든 이 그림은 화가도 아닌 게임 기획자 제이슨 앨런Jason Allen이 미드저니에 지시어Prompt를 입력해 단 몇 초 만에 만들어낸 그림이었습니다. 이 때문에 "겨우 몇 개의 지시 버튼을 눌러 AI가 그린 게 어떻게 예술작품이 될 수 있는가"라는 논란과 비판이 쏟아지기도 했는데요. 제이슨 앨런은 붓을 사용해 수상작을 만들지는 않았지만 최종 3개의 이미지를 얻기 위해 무려 80시간 작업했으며, 자신이 원하는 이미지를 구현하기 위해 900번 넘게 명령어를 수정하는 과정을 거쳤다고 밝혔습니다.

이런 생성형 AI는 기업과 개인에게 엄청난 충격으로 다가왔습니다. 이전에는 사람의 육체노동을 대체해왔지만 이제 기계들은 AI를 바탕으로 인간 고유의 능력이라 여겨왔던 분석적이고 창의적인 영역까지 대체하려 하고 있습니다. 하지만 과거 산업화 시대에는 기계(생산수단)를 소유한 쪽에서 노동자 측에 일방적인 해고 및 임금 삭감 등을 진행했지만 AI가 만들어낸 노동의 변화는 기업과 노동자 사이에서 양방향으로 나타납니다.

지금 우리가 살고 있는 시대는 산업화 시대를 거치며 노동력을 보호하는 법과 제도가 다양하게 발전(그렇지 못한 나라도 아직 많이 존재하지만)해왔습니다. 이제는 과거처럼 기업이 일방적으로 노동자를 내쫓을 수 없도록 법과 제도로 보호하고 있습니다. 과거에는 기계가 사람의 노동력을 대체하기 시작하면서 기업이 일방적으로 사람들을 일자리에서 내쫓는 형태로 나타났다면, 지금은 AI(기계)의 인간 노동력 대체가 기업과 노동자 사이에서 다양한 형태로 나타나기 시작했습니다.

먼저, 기업은 과거 산업화 시대와 유사하게 AI로 인간의 노동을 대체해 생산 효율성을 극대화하고 인건비를 줄이는 데 활용하려고 합니다. 기업은 기존에 한 팀(4~5명)에서 할 일을 한 사람이 감당할 수 있도록 업무를 조정하고 있습니다. 과거와 비교해 훨씬 적은 비용으로 기업을 운영할 수 있게 된 것입니다. 이러한 현상은 이 책의 핵심 주제인 '직무의 종말'과 연결됩니다. 세부적으로 나

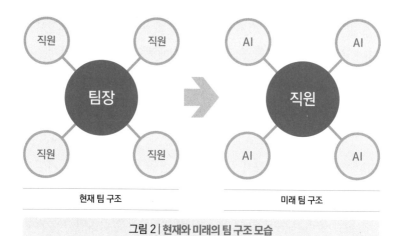

그림 2 | 현재와 미래의 팀 구조 모습

누어져 있던 직무가 사라지고 직원 한 명, 한 명이 팀이자 생산의 주체로서 역할을 맡게 됩니다. 뒤에서 자세히 설명하겠지만 이제 직원이 곧 리더이자 임원의 역할을 수행하게 됩니다. 직무는 사라지고 직원은 AI 생산 결과물을 검토하고 종합하고 전달하고 피드백을 받아 또다시 AI에게 업무를 지시하는 형태로 변하게 되어 앞으로 직무에 따른 세세한 업무 구분은 점차 퇴색되고 사라질 것입니다.

2023년 5월 2일에 시작한 미국작가조합^{WGA}의 파업을 살펴보겠습니다. 참고로 WGA는 미국 영화 및 드라마, 예능 대본을 작성하는 할리우드 작가 1만 1,500여 명으로 구성된 노동조합입니다. 이들의 파업 내용을 살펴보면 공중파 대신 OTT(온라인동영상서비스) 콘텐츠가 주류로 자리를 잡으며 작가들의 임금이 공중파에 비해 편수가 적은 OTT의 특성상 소득(작가들은 프로그램 편수로 계약해 임금을 받고 있음)이 줄어든 것입니다. 이 부분도 OTT 서비스라는 플랫폼 기술에 의해 노동의 가치가 떨어졌다고 평가할 수 있지만 이어지는 내용에 주목하기 바랍니다.

WGA는 작가 고유의 영역이었던 창작, 즉 대본 작성을 AI에 침해받고 있다고 이야기합니다. 제작사들은 AI로 대본 초안을 만들고 이를 작가들에게 수정, 보완하는 작업을 요청합니다. 결국 수정, 보완 작업에 대한 비용만 인정해주는 꼴이죠. 이에 더해 디즈니와 애플, 아마존 등 플랫폼 업체들이 비용을 줄이기 위해 콘텐츠 제작자를 해고한 소식이 연이어 전해지기도 했습니다. 마치 기계에 의해 일자리에서 밀려난 존 헨리와 그의 동료들을 보는 것 같습니다.

이 사례를 보면 과거와 같은 직무의 전문성은 인간에게 요구되지 않을 수 있습니다. 지금까지도 방송작가는 엄청난 전문성과 노하우가 있어야 업무를 수행할 수 있는 직업이었습니다. 하지만 앞으로는 AI가 작성한 내용을 사람들의 눈으로 검토하고 뉘앙스나 어색한 부분을 바로잡는 정도가 작가의 역할이 될 수 있습니다. 지금 현재 우리가 강조하는 직무의 전문성이 앞으로도 요구될까요?

조용한 퇴직과 조용한 해고: 창과 방패의 대결

다음으로, 노동자의 일탈입니다. 과거 산업화 시대에는 생산수단을 갖는 것은 엄청난 비용이 들고 개인으로서는 상상할 수 없는 일이었습니다. 하지만 제레미 리프킨은 《한계비용 제로사회》에서 "개인이 새로운 도전을 하는 데 투입되는 한계비용이 제로에 수렴하고 있고 그것은 점차 가속화하고 있다"고 이야기했습니다. 한계비용은 재화나 서비스를 추가 생산하는 데 들어가는 비용을 뜻합니다. 그런데 한계비용이 기술력과 생산성 향상으로 비용이 거의 들어가지 않는다는 의미입니다. 개인도 스마트폰 하나면 영상 콘텐츠로 유튜브나 틱톡 등을 활용해 막대한 이익을 발생시킬 수 있는 구조가 되었다는 의미입니다. 유튜버, 인플루언서, 스마트스토어, 온라인 강의 등 SNS와 플랫폼을 바탕으로 기업처럼 거대해진 개인(기업화된 개인)이 나타나고 있고 이러한 현상은 노동자들의 노동 현장에서도 나타나기 시작했습니다.

기술의 발전으로 직원들도 퇴근 이후 부수입을 만들 기회가 열렸습니다. 퇴근 후 온라인과 오프라인을 활용해 플랫폼 노동, 단기 아르바이트, SNS, 스마트스토어 등을 통해 다양한 수입을 창출하게 되었습니다. '머니 파이프라인 만들기'가 유행하는 것도 지속적인 부수입을 창출할 수 있는 수단이 늘어났기 때문입니다. '머니 파이프라인 만들기'란 일하지 않는 동안에도 돈이 들어오는 시스템, 즉 지속적인 잉여소득을 뜻합니다. 이제는 AI를 활용해 자동화까지 가능해 직장을 다니며 부수입을 얻는 것을 넘어, 주수입원은 퇴근 이후 활동이고 부수입이 직장이 되어 버린 직원들이 늘고 있습니다. 기업화된 개인에게는 '겸업 금지'와 같은 기업의 압박도 직장을 그만둘 적당한 구실을 만들어주는 꼴입니다.

마케팅 업무를 담당하는 A씨의 경우 회사에서 5년간 온라인 마케터로서 역량을 쌓아왔고 직장에서도 마케팅 역량을 인정받고 있습니다. 퇴근 후에는 회사에서 쌓은 마케팅 지식과 실무 능력을 활용해 마케팅을 대행하거나 컨설팅을 하고 온라인 강의를 녹화해 판매합니다. 처음에는 취미로 시작했지만 일이 점점 커져 '온라인 마케팅 대행사'로 성장했습니다. A씨는 '온라인 마케팅 대행사' 직원을 뽑아 일과중에는 직원이 고객을 응대하고 점심시간과 퇴근 이후 시간을 활용해 마케팅 업체를 운영하고 있습니다. A씨는 "안정성이 부족한 사업 대신, 직장을 계속 유지하면서 사업을 함께 운영하는 것이 좋겠다고 생각한다"라고 말하고 있습니다.

조용한 퇴직Quiet quitting이 유행하면서 기업의 골칫거리가 되었습니다. 퇴직을 하지 않으면서 맡은 업무만 최소한으로 하고 그 외 회사일에는 관여하지 않겠다는 의미입니다. 다시 말해 회사에서 승진과 업무의 발전을 포기하는 등 심정적으로 퇴사에 가까운 마음가짐을 갖고 소극적으로 최소한의 일만 하며 회사 생활을 하겠다는 뜻입니다.

조용한 퇴직에 대해 J씨의 경우 "예전에는 동료들에게 뒤떨어질까 봐 걱정이 많았지만, 지금은 퇴근 후의 생활에 더 집중하고 있다." K씨의 경우 "다른 사람에게 해를 끼치지 않는다면 '조용한 퇴사'도 직장 문화의 한 형태로 볼 수 있다고 생각한다." C씨의 경우 "더 좋은 기회가 생긴다면 현재의 직장을 떠나고자 하는 생각이 항상 있다"라고 말했습니다.

조용한 퇴직이 느는 이유는 기술 발전으로 과거에 비해 원격 근무가 일반화되었다는 점입니다. 또 팬데믹 이후로 같은 공간에서 함께 일하는 업무 형태가 줄어들면서 직원들이 서로 생각과 감정을 함께 교류하는 게 줄었기 때문이라고 이야기하는 전문가들도 있습니다. 기술 발전은 직원들을 기업의 간섭에서 벗어나게 해주었습니다. 기업이 직원을 함부로 해고할 수 없도록 법과 제도가 노동자를 보호하기 때문에 기술의 발전이 오히려 기업에 위협이 되는 형태로 나타나고 있습니다.

기업이 살아남기 위해서 혁신적인 노력과 쇄신을 해야 하는데 조용한 퇴직은 기업의 생존에 치명적일 수밖에 없습니다. 기업은 조용한 퇴직에 대응하기 위해 '조용한 해고Quiet cutting'라는 대안을 내놓습니다. 조용한 해고는 조용한 직을 선택한 직원에게 직무평가 강화, 업무 재배치, 승진 기회 박탈, 회의 배제 등을 통해 스스로 퇴사하도록 유도하는 것을 말합니다. 조용한 해고로 기업은 해고(권고사직으로 인한 페널티 등), 추가 고용, 재채용(업무 재배치 시), 직원 사기진작에 드는 비용을 아낄 수 있습니다.

실제로 2년간 두 번의 업무 재배치를 받은 I사의 직원은 "회사가 당신이 해고되지 않게 최선을 다했으니, 당신도 최선을 다해 일하거나 아니면 다른 일을 알아보라고 말한 듯한 느낌을 받았다"[4]고 전했습니다. 어떻게 보면 기업 입장에서 업무 재배치 등 조용한 해고는 직원에게 할 수 있는 유일한 조치이기도 합니다.

또한 기업에서는 '조용한 고용Quiet hiring'도 함께 진행되고 있습니다. 새로 풀타임 직원을 채용하지 않고 기존 근로자의 역할을 전환해 업무를 맡기거나, 정규직 대신 계약직을 뽑아 대응하는 방식으로 인력을 충원하는 것을 말합니다. 기업의 법적, 재정적 부담을 덜 수 있는 방법입니다.

표 2 | 조용한 퇴직, 조용한 해고, 조용한 고용 용어 정리

구분	설명
조용한 퇴직	최소한의 업무만 수행하며 소극적으로 회사생활을 유지
조용한 해고	직무 평가 강화, 업무 재배치, 승진 기회 박탈 등으로 스스로 퇴사 유도
조용한 고용	기존 근로자 역할 전환, 계약직 채용 등으로 인력 충원

이러한 기업과 직원들 간의 창과 방패의 대결, 그 결론은 어디로 향할까요? 기업들은 태업하지 않는 로봇이나 AI에 대한 매력을 더 크게 느끼게 되고, 그 반대로 직원들은 기업처럼 갑질하지 않고 내 일을 도와줄 로봇과 AI를 활용해 새로운 일자리(창업, 이직, 전직, 업무 재배치)에 적응하도록 도움을 받습니다. 결국 기업과 직원

양측은 더욱더 기술 중심으로 문제를 해결할 것입니다.

미래: 어리광쟁이 vs 거대한 개인

테슬라에서 공개한 휴머노이드 로봇 '옵티머스 2세대'에 대한 관심이 뜨겁습니다. 출시할 당시 제대로 걷지 못해 사람들에게 실려 나와 조롱받았습니다. 그런데 로봇을 공개한 지 단 몇 달 되지 않는 지금은 걷고, 요가를 하고, 스쿼트 자세를 취할 수 있을 정도로 발전했습니다. 그리고 열 손가락에 감각센서가 달려 있어 손을 11개 방향으로 움직일 수 있어서 공장의 단순 노동자, 가사도우미 등 인간의 협력자로서 역할을 할 것으로 기대됩니다. 테슬라는 늦어도 2028년에 2,600만 원 수준으로 출시할 계획입니다.

지금까지 로봇과 AI는 구분되어 왔습니다. 로봇의 정의를 살펴보면 '어떤 작업이나 조작을 자동적으로 행하는 기계장치'로 사람을 물리적으로 돕는 기계장치입니다. 또 AI는 '인간처럼 생각할 수 있는 기계'로 정신적으로 사람의 일을 돕는 프로그램 또는 소프트웨어입니다.

로봇이 정교하게 발달하면서 사람들의 육체노동을 대체하기 시작합니다. 앞서 존 헨리의 사례처럼 굴착기가 개발되고 광부들이 시장에서 밀려난 것과 같은 현상이지요. 그래서 로봇은 기본적으로 저임금 육체노동자부터 대체되기 시작합니다. 식당에 서빙 로봇이 돌아다니기 시작하면서 서비스직 일자리가 줄어드는 현상과 마찬가지입니다. 이것은 과거 산업화 시대부터 이어져 오던 현상입니다.

AI는 점차 정신노동을 대체하기 시작합니다. 생성형 AI가 등장하면서 지금까지 있었던 변화와 다르게 느껴지는 것은 안전할 것이라 여겼던 영역에서의 변화가 시작되었다는 것입니다. 앞서 언급한 창의력, 문제해결 능력, 분석 능력 등 고유한 인간의 능력이라고 여겨왔던 부분이 대체되기 시작한 것이죠. 그리고 AI는 저

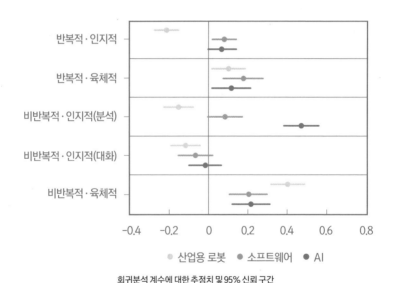

회귀분석 계수에 대한 추정치 및 95% 신뢰 구간
자료: Webb(2020)에서 재인용

그림 3 | 노출 지수와 업무 역량 간 회귀분석 결과

임금 육체노동자가 아니라 고소득 정신노동자를 대체하기 시작합니다.

테슬라의 '옵티머스'가 계획대로 출시된다면 로봇과 AI가 결합된 형태로 우리 앞에 서게 됩니다. 개인용 컴퓨터Personal Computer, PC를 넘어 개인용 AI로봇Personal Robot, PR이 인간을 돕게 됩니다. 더 나아가 비서, 경호원, 의사, 요리사, 업무처리, 보조 이동수단, 트레이너, 교수, 코치, 상담사 등 모든 기능을 개인 맞춤형으로 지원하게 될 것입니다.

동영상 1 | 테슬라에서 만든 옵티머스 2세대 영상

이렇게 된다면 업무를 처리할 때 사람이 일을 하는 것인지, AI가 일하는 것인지 구분되지 않는 세상에 살게 될 것입니다. 몇 년 전 임원분들은 은퇴하면 은행 업무도 보지 못한다는 이야기를 하곤 했습니다. 업무에 집중할 수 있도록 직원들이 다 처리해주었기 때문이죠. 이제 모든 사람이 이렇게 될지도 모르겠습니다. AI로봇 없이는 아무것도 할 수 없는 어리광쟁이처럼요.

일에서도 마찬가지입니다. 처음에는 AI와 로봇을 의심하며 열심히 결과를 검토하겠지만, AI와 로봇이 사람들의 결과보다 더 낫다고 인정하는 순간 결과의 검토도 느슨해지게 될 것입니다. 그리고 많은 사람이 일에서 소외되기 시작합니다. 고용주는 AI로봇보다 뛰어난 것 없이 불평이 많은 인간 노동자를 불편하게 생각하게 될 것입니다.

하지만 AI로봇으로 무장한 거대한 개인도 함께 출현합니다. AI로봇을 등에 업은 인간은 이전의 생산성과 비교할 수 없는 성과를 낼 것입니다. 자동차를 활용하기 시작했을 때 인간이 뛰거나, 말을 타고 이동할 수 없는 거리를 이동한다는 것은 혁명이었습니다. PC를 활용하면서 이전의 정보처리 능력은 상상할 수도 없었습니다. 이처럼 이전에 생각할 수 없었던 문제들을 해결하는 개인이 출현하고 또 인류의 미래를 개척해나갈 것입니다.

우리가 지금 목격하고 있는 기술의 발전과 그에 따른 직업 세계의 변화는 단순히 새로운 도전이 아니라, 인간과 기계가 어떻게 공존할 수 있을지에 대한 중대한 질문을 던지고 있습니다. 존 헨리의 전설에서 볼 수 있듯, 기계와의 경쟁은 인간의 한계를 드러내는 동시에 우리의 잠재력을 깨우는 계기가 되었습니다. 이제 우리는 단순한 노동 대체를 넘어, 창의력과 분석력까지도 기계가 담당할 수 있는 시대에 살고 있습니다.

하지만 이러한 변화는 우리에게 새로운 기회를 제공합니다. AI와 로봇의 도움으로 인간은 더 높은 차원의 문제해결과 창의적 사고를 할 수 있게 되었습니다. 이는 개인과 기업 모두에게 새로운 역량 개발과 혁신적인 사고를 요구합니다. 향후 우리는 AI와 로봇이 가져다주는 혜택을 최대한 활용하면서, 동시에 인간만의 독특한 가치와 역량을 계발해야 합니다.

결국, '직무의 종말' 시대를 맞이하며 우리가 직면한 것은 기술과 인간의 조화로운 공존을 모색하는 과제입니다. AI와 로봇의 등장은 인간이 더 인간답게, 더 창조적이고 혁신적인 방향으로 나아갈 수 있는 기회를 제공합니다. 이 새로운 기술 진화의 장에서 우리는 기계의 도움을 받아 더 높은 성취를 이뤄낼 수 있을 것입니다.

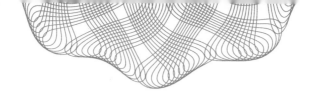

02

우리에게 다가온 변화의 징조들

변화의 징조들은 이미 우리 삶에 깊숙이 들어와 있습니다. 생성형 AI의 출현으로 기업의 인재상이 변화하고 리더와 직원의 경계도 허물고 있습니다. 업무도 보다 빠르고 효율적으로 처리할 수 있게 되었고, 그 덕에 직원들의 복지도 나아졌습니다. 직원들의 일의 비중도 창작에서 커뮤니케이션으로 이동하고 있습니다. 곳곳의 변화 징조는 어디를 향하고 있을까요?

지금부터 그 변화의 징조들을 하나씩 살펴보겠습니다.

기업의 인재상 변화

2023년 5월 마이크로소프트가 발표한 〈업무동향지표 2023〉[5]을 살펴보면 기업에서 요구하는 인재상이 불과 1여 년 전과 완전히 달라진 것을 확인할 수 있습니다. 생성형 AI가 업무에 본격적으로 적용되기 시작하면서 인간의 노동을 바라보는 시선이 변하고 있다는 근거인데요. 〈업무동향지표 2023〉에서 리더가 생각하는 AI 시대 직원 필수 스킬에 대한 설문 결과를 살펴보면 1위가 분석적 판단, 2위 유연성, 3위 감성적 지능, 4위 창의적 평가, 5위 지적 호기심, 6위 편향 감지 및 처리, 7위 AI 위임(프롬프트)입니다. 지금부터 1위부터 7위까지의 항목을 하나씩 찬찬히 곱씹어 보기 바랍니다.

표 3 | 업무동향지표 2023 '리더가 생각하는 AI 시대 직원 필수 스킬에 대한 설문 결과'

순위	스킬	비율
1	분석적 판단	30%
2	유연성	29%
3	감성 지능	27%
4	창의적 평가	24%
5	지적 호기심	23%
6	편향 감지 및 처리	22%
7	AI 위임(프롬프트)	21%

1위부터 7위까지 내용을 하나씩 따져보면 고개가 갸우뚱해집니다. 어떻게 보면 1위부터 6위까지의 내용은 직원의 필수 스킬이라고 하기보다 리더들의 필수 스킬이 아닐까요? 1위인 분석적 판단부터 살펴보면 직원들도 분석적으로 업무를 처리하는 것은 너무나 당연하지만 분석적인 판단은 직원들보다는 리더들의 몫에 가깝습니다. 또 2위 유연성도 직원들은 매뉴얼과 직무분담표에 맞게 업무를 처리하고 규정과 절차에 따라 업무를 진행하는 것이 중요하죠. 지식이 풍부하고 경험이 많은 리더가 상황을 파악하고 절차를 준수할지, 유연함을 발휘할지 고민하는 것이 전통적으로 리더의 역할이었습니다. 감성적 지능, 창의적 평가, 지적 호기심도 마찬가지입니다. 6위 편향 감지 및 처리도 편향적 시각이 기업의 브랜드 이미지에 치명적이기 때문에 성 편향, 세대 편향, 인종 편향 등 편향적 요소가 포함되어 있는지 리더들이 자료를 검토해왔습니다.

하지만 세계 유수 기업의 리더들이 앞서 소개한 이 모든 스킬을 리더가 아닌 직원들의 필수 스킬로 강조하고 있다는 점을 생각해보아야 합니다. 이제는 점점 더 리더와 직원의 구분이 사라지고, 직원에게도 리더의 역할을 부여하는 일이 많아질 것입니다. 직원도 든든한 '만능' 조수인 생성형 AI와 함께 일하기 때문입니다. 앞으로 직원들은 AI가 만들어온 자료를 분석적으로 판단하고 편향적 요소가 없는지 검토합니다. 또 직원들은 AI가 짠 계획을 감성적 지능을 활용해 여러 가지 상황을 고려하고 유연하게 실무에 적용합니다. 결국 리더와 직원의 경계는 점차 사라지게 됩니다.

살짝 빼놓았던 7위인 AI 위임(프롬프트)을 살펴보면 참 재미있습니다. 2022년 중반까지만 하더라도 AI는 일반인들(기술의 정점에 있는 전문가들은 AI를 적극적으로 활용하고 있었지만)에게는 전혀 필요하지 않거나 업무 개선에 획기적인 변화를 주기는 어려웠습니다. 2022년 중반에 AI 챗봇과 대화하는 직원을 지켜보는 리더들은 무슨 생각을 했을까요? '업무시간에 딴짓 하고 있네'라고 생각하며 한심한 눈빛으로 직원을 쳐다봤을 것입니다. 하지만 생성형 AI가 업무에 적극적으로 활용되고 있는 지금, AI 챗봇과 대화하는 직원을 리더가 본다면 '업무를 효율적으로 처리하고 있군!' 하며 흐뭇하게 생각할 것입니다.

〈업무동향지표 2023〉에서는 AI 위임(프롬프트)이 7위에 머물러 있지만 아마도 다음 조사에서는 훨씬 더 높은 순위가 될 것으로 예상됩니다. 이 설문조사에서 생성형 AI에 친화적인 결과가 나온 이유는 마이크로소프트의 투자(2023년 초 오픈AI에 100억 달러를 투자)와 앞으로 마케팅에 자료로 활용하기 위한 전략도 숨어 있을 것입니다. 하지만 앞서 소개한 자료에서 리더와 직원의 관계가 근본적으로 변하고 있다는 점은 우리가 반드시 기억해야 합니다.

〈업무동향지표 2023〉에서 제시한 인재상 1위부터 7위에 대한 부분을 실제로 평가에 활용하려면 어떻게 해야 할까요? 다음 표와 같이 정리해보았습니다. 실제로 인재상의 부합 정도를 가늠하는 데 참고하거나 기업의 평가기준에 활용해보기 바랍니다.

표 4 | 업무동향지표에 제시된 인재상에 대한 세부 항목과 평가기준

구분	세부 항목	항목 설명	평가기준
분석적 판단	문제해결 능력	복잡한 문제를 해결하고 판단할 수 있는 능력	1점: 문제를 이해하지 못하고 해결 방법을 찾지 못하는 경우 2점: 일부 문제를 이해하고 간단한 해결 방법을 찾을 수 있는 경우 3점: 문제를 충분히 이해하고 합리적인 해결 방법을 찾을 수 있는 경우 4점: 복잡한 문제를 정확히 이해하고 창의적인 해결 방법을 찾을 수 있는 경우 5점: 다양한 관점에서 문제를 분석하고 효과적인 해결책을 찾을 수 있는 경우
	데이터 분석	데이터를 수집하고 분석하여 판단에 도움을 주는 능력	1점: 데이터를 분석하는 기술이 부족하고 결과를 해석할 수 없는 경우 2점: 일부 데이터 분석 기법을 활용하여 단순한 결과를 도출할 수 있는 경우 3점: 데이터를 충분히 분석하고 결과를 해석하여 합리적인 결론을 도출할 수 있는 경우 4점: 다양한 데이터 분석 기법을 활용하여 복잡한 문제를 해결하고 정확한 결론을 도출할 수 있는 경우 5점: 고급 수준의 데이터 분석 기법을 다루고 정확성과 타당성을 갖춘 결론을 도출할 수 있는 경우
	패턴 인식	상황에서 패턴을 인식하고 추론하는 능력	1점: 패턴을 인식하지 못하고 관련 정보를 해석하는 능력이 부족한 경우 2점: 단순한 패턴을 인식하고 관련 정보를 일부 해석할 수 있는 경우 3점: 다양한 패턴을 인식하고 관련 정보를 적절히 해석할 수 있는 경우 4점: 복잡한 패턴을 인식하고 관련 정보를 정확하게 해석할 수 있는 경우 5점: 다양한 패턴을 신속하게 인식하고 관련 정보를 정확하게 해석하여 효과적인 판단을 내릴 수 있는 경우

구분	세부 항목	항목 설명	평가기준
유연성	적응력	변화에 빠르게 적응하고 새로운 상황에 유연하게 대처하는 능력	1점: 변화에 적응하지 못하고 고정된 사고방식을 유지하는 경우 2점: 일부 변화에 유연하게 대처할 수 있지만 새로운 상황에는 어려움을 겪는 경우 3점: 변화에 적응하고 새로운 상황에 대처할 수 있는 유연성을 갖춘 경우 4점: 다양한 상황에 빠르게 적응하고 창의적인 해결책을 제시할 수 있는 경우 5점: 어떤 상황에서도 유연하게 대처하고 혁신적인 아이디어를 도출할 수 있는 경우
	문제해결 유연성	다양한 방법과 관점으로 문제를 해결하는 능력	1점: 변화에 적응하지 못하고 고정된 해결 방법에만 의존하는 경우 2점: 일부 문제에 대해 유연한 해결 방법을 찾을 수 있지만 일반적으로 한정적인 경우 3점: 문제를 유연한 방법으로 해결하고 다양한 아이디어를 도출할 수 있는 경우 4점: 문제해결에 있어 유연한 사고를 통해 효과적인 아이디어와 해결책을 도출하는 경우 5점: 다양한 관점과 창의적인 사고를 통해 혁신적인 아이디어와 해결책을 제시하는 경우
	창의성	새로운 아이디어를 도출하고 유연하게 생각하는 능력	1점: 문제를 해결하는 데 창의적인 아이디어나 해결책을 도출하지 못하는 경우 2점: 일부 문제에 대해 창의적인 해결책을 도출할 수 있지만 일반적으로 한정적인 경우 3점: 문제를 창의적인 방법으로 해결하고 다양한 아이디어를 도출할 수 있는 경우 4점: 문제해결에 있어 창의적인 사고를 통해 효과적인 아이디어와 해결책을 도출하는 경우 5점: 다양한 관점과 창의적인 사고를 통해 혁신적인 아이디어와 해결책을 제시하는 경우

구분	세부 항목	항목 설명	평가기준
감성적 지능	감정 인식	자신과 타인의 감정을 인식하고 이해하는 능력	1점: 다른 사람의 감정을 인식하지 못하거나 오해하는 경우 2점: 일부 감정을 인식할 수 있지만 일반적으로 한정적인 경우 3점: 다른 사람의 감정을 정확하게 인식하고 적절한 반응을 보일 수 있는 경우 4점: 다양한 감정을 인식하고 상황에 맞는 적절한 반응을 보일 수 있는 경우 5점: 민감하게 다른 사람의 감정을 인식하고 정확하고 섬세한 반응을 보일 수 있는 경우
	소통 능력	감정을 적절하게 표현하고 타인과 원활하게 소통하는 능력	1점: 의사소통에 어려움을 겪고 정보를 전달하거나 이해하기 어려운 경우 2점: 일부 상황에서 소통할 수 있지만 일반적으로 한정적인 경우 3점: 다른 사람과 원활하게 소통하며 정보를 전달하고 이해할 수 있는 경우 4점: 다양한 상황에서 효과적으로 소통하며 원활한 대화를 이어갈 수 있는 경우 5점: 다양한 사람들과 소통할 수 있고, 효과적으로 의사소통해 원하는 결과를 이끌어낼 수 있는 경우
	공감 능력	타인의 감정을 공감하고 이해하는 능력	1점: 다른 사람의 감정이나 상황에 공감하지 못하거나 무관심한 태도를 보이는 경우 2점: 일부 상황에서는 공감할 수 있지만 일반적으로 한정적인 경우 3점: 다른 사람의 감정이나 상황에 공감하며 적절한 지원이나 이해를 보일 수 있는 경우 4점: 다양한 상황에서 공감하며 상대방의 감정을 이해하고 지원하는 능력을 갖춘 경우 5점: 민감하게 다른 사람의 감정을 공감하고 지원하며, 상대방과의 감정적인 연결을 형성할 수 있는 경우

구분	세부 항목	항목 설명	평가기준
창의적 평가	문제해결 창의성	문제를 창의적인 방법으로 해결하는 능력	1점: 문제를 해결하는 데 창의적인 아이디어나 해결책을 도출하지 못하는 경우 2점: 일부 문제에 대해 창의적인 해결책을 도출할 수 있지만 일반적으로 한정적인 경우 3점: 문제를 창의적인 방법으로 해결하고 다양한 아이디어를 도출할 수 있는 경우 4점: 문제해결에 있어 창의적인 사고를 통해 효과적인 아이디어와 해결책을 도출하는 경우 5점: 다양한 관점과 창의적인 사고를 통해 혁신적인 아이디어와 해결책을 제시하는 경우
	아이디어 발굴	창의적인 아이디어를 도출하고 발전시키는 능력	1점: 새로운 아이디어를 발굴하지 못하고 기존의 아이디어에만 의존하는 경우 2점: 일부 새로운 아이디어를 발굴할 수 있지만 일반적으로 한정적인 경우 3점: 다양한 아이디어를 발굴하고 새로운 관점에서 문제를 접근할 수 있는 경우 4점: 아이디어 발굴에 있어 창의적인 사고를 통해 다양한 옵션을 고려하는 경우 5점: 다양한 분야에서 새로운 아이디어를 발굴하고 혁신적인 해결책을 도출하는 경우
	비판적 사고	아이디어나 해결책을 비판적으로 평가하고 개선하는 능력	1점: 문제를 비판적으로 분석하거나 다양한 관점을 고려하지 않고 판단하는 경우 2점: 일부 비판적 사고를 통해 문제를 분석할 수 있지만 일반적으로 한정적인 경우 3점: 문제를 비판적으로 분석하고 다양한 관점을 고려하여 판단할 수 있는 경우 4점: 비판적 사고를 통해 문제를 깊이 이해하고 다양한 해석과 해결책을 도출하는 경우 5점: 다양한 시각과 비판적인 사고를 통해 문제를 체계적으로 분석하고 혁신적인 해결책을 도출하는 경우

구분	세부 항목	항목 설명	평가기준
지적 호기심	지식 탐구	새로운 지식을 탐구하고 학습하는 능력	1점: 새로운 지식을 탐구하지 않고 한정적인 분야나 주제에 만 관심을 보이는 경우 2점: 일부 다른 분야나 주제에 대해 지식을 탐구할 수 있지 만 일반적으로 한정적인 경우 3점: 다양한 분야나 주제에 대해 지식을 탐구하고 새로운 정 보를 습득하는 경우 4점: 지식을 탐구하는 데 있어 깊이 있는 탐구를 통해 다양 한 관점과 정보를 습득하는 경우 5점: 다양한 분야나 주제에 대해 광범위하게 지식을 탐구하 고 깊이 있는 이해와 폭넓은 지식을 갖춘 경우
	문제해결 탐구	문제를 해결하기 위해 끊임없이 탐구하고 질문하는 능력	1점: 문제를 해결하기 위한 한 가지 방법에만 집중하거나 한 정된 해결책을 탐구하는 경우 2점: 일부 다양한 방법이나 해결책을 탐구할 수 있지만 일반 적으로 한정적인 경우 3점: 문제를 해결하기 위해 다양한 방법과 해결책을 탐구하 고 새로운 접근법을 모색하는 경우 4점: 문제해결을 위해 창의적인 사고를 통해 다양한 옵션을 고려하고 탐구하는 경우 5점: 다양한 관점과 창의적인 사고를 통해 문제를 체계적으 로 분석하고 혁신적인 해결책을 탐구하는 경우
	지식 습득 능력	다양한 지식을 습득하고 새로운 것을 배우는 능력	1점: 새로운 지식을 습득하는 것에 어려움을 겪거나 관심을 보이지 않는 경우 2점: 일부 새로운 지식을 습득할 수 있지만 일반적으로 한정 적인 경우 3점: 다양한 분야나 주제에 대해 지식을 습득하고 새로운 개 념과 정보를 이해하는 경우 4점: 지식을 습득하는 과정에서 깊이 있는 학습과 이해를 통 해 다양한 지식을 확보하는 경우 5점: 다양한 분야나 주제에 대해 광범위하게 지식을 습득하 고 깊이 있는 이해와 폭넓은 지식을 확보하는 경우

구분	세부 항목	항목 설명	평가기준
편향 감지 및 처리	편견 인식	자신의 편견을 인식하고 이를 극복하는 능력	1점: 다른 사람이나 그룹에 대한 편견을 가지고 있고 개인적인 선입견에 의해 판단하는 경우 2점: 일부 다른 사람이나 그룹에 대해 편견을 가지고 있지만 일반적으로 한정적인 경우 3점: 다른 사람이나 그룹에 대해 개인적인 편견을 최소화하고 공정한 판단을 하려는 노력을 하는 경우 4점: 편견을 인식하고 이를 극복하기 위해 노력하며 공정한 시각으로 사람이나 그룹을 평가하는 경우 5점: 편견 없는 인식을 갖고 모든 사람이나 그룹에 공정한 태도로 접근하고 판단하는 경우
	객관성 유지	객관적인 관점을 유지하고 주관적인 편향을 배제하는 능력	1점: 주관적인 의견과 감정에 의해 판단하며 객관성을 유지하지 않는 경우 2점: 일부 주관적인 의견과 감정에 영향을 받지만 일반적으로 한정적인 경우 3점: 주관적인 의견과 감정을 최소화하고 가능한 한 객관적인 시각으로 사물이나 사건을 평가하는 경우 4점: 객관적인 판단을 위해 논리적인 사고를 동원하며 주관적인 영향을 최대한 배제하는 경우 5점: 주관적인 의견을 거의 갖지 않고 사실과 데이터에 기반하여 완전히 객관적인 시각으로 판단하는 경우
	다양성 존중	다양한 의견과 관점을 존중하고 인식하는 능력	1점: 다양한 배경, 신념, 관점을 존중하지 않고 일방적인 시각을 갖는 경우 2점: 일부 다양성을 존중하려는 노력을 하지만 일반적으로 한정적인 경우 3점: 다양한 배경, 신념, 관점을 존중하고 이를 인정하는 데 노력하는 경우 4점: 다양성을 존중하고 다양한 의견을 수용하며 이를 통해 더 넓은 시각을 형성하는 경우 5점: 모든 다양성을 존중하고 포용하며 이를 통해 개인과 사회의 성장과 발전을 촉진하는 경우

구분	세부 항목	항목 설명	평가기준
AI 위임 (프롬프트)	AI 활용 능력	AI를 효과적으로 활용하여 업무를 수행하는 능력	1점: AI를 활용하는 데 어려움을 겪거나 제한된 방식으로만 활용하는 경우 2점: 일부 기본적인 AI 기능을 활용할 수 있지만 일반적으로 한정적인 경우 3점: 다양한 AI 기능을 활용하고 문제해결이나 지식 탐색에 적절히 활용하는 경우 4점: 다양한 AI 도구와 기술을 효과적으로 활용하여 문제를 해결하고 지식을 확장하는 경우 5점: 다양한 AI 기능과 알고리즘을 이해하고 창의적으로 활용하여 혁신적인 결과를 도출하는 경우
	프롬프트 작성	AI에게 명확하고 효과적인 지시 사항을 작성하는 능력	1점: 프롬프트를 작성하는 데 어려움을 겪거나 구체적인 지침이나 목표를 설정하지 않는 경우 2점: 일부 기본적인 프롬프트 작성 기술을 활용할 수 있지만 일반적으로 한정적인 경우 3점: 목표와 지침에 기반하여 명확하고 구체적인 프롬프트를 작성하는 경우 4점: 다양한 프롬프트 작성 기법을 활용하여 목표를 명확하게 전달하고 유용한 결과를 얻는 경우 5점: 창의적이고 효과적인 프롬프트 작성 기법을 사용하여 목표를 달성하고 최적의 결과를 얻는 경우
	결과 검증	AI가 생성한 결과를 검증하고 필요한 조치를 취하는 능력	1점: 결과를 검증하는 데 어려움을 겪거나 제한된 방식으로만 결과를 확인하는 경우 2점: 일부 기본적인 결과 검증 방법을 활용할 수 있지만 일반적으로 한정적인 경우 3점: 결과를 검증하기 위해 다양한 방법과 기준을 활용하고 일관성과 신뢰성을 확인하는 경우 4점: 다양한 검증 기법과 통계적 분석을 활용하여 결과의 타당성과 신뢰성을 확인하는 경우 5점: 체계적이고 과학적인 검증 방법을 사용하여 결과의 타당성을 입증하고 정확성을 보장하는 경우

업무 환경의 변화

같은 자료에서 '리더가 생각하는 직장에서의 AI 이점'에 대한 설문조사 결과도 함께 발표했습니다. 내용을 살펴보면 1위 직원 생산성 향상, 2위 꼭 필요한 업무 지원, 3위 직원 복지 향상, 4위 가치가 낮은 활동에 소요되는 시간 제거 등의 순으로 결과가 나타났습니다. 생성형 AI를 업무에 활용하고 있는 분들은 공감하겠지만 생성형 AI가 등장하기 전과 업무처리 속도는 하늘과 땅 차이입니다. 생성형 AI를 활용하면 업무가 빠르게 처리되는 것을 넘어서 직원 복지 향상에까지 영향을 준다니 정말 대단합니다.

표 5 | 업무동향지표 2023, '리더가 생각하는 직장에서의 AI 이점'

순위	영향	비율
1	직원 생산성 향상	31%
2	꼭 필요한 반복/일상 업무 지원	29%
3	직원 복지 향상	26%
4	가치가 낮은 활동에 소요되는 시간 제거	25%
5	직원 역량 강화	24%
6	직원 업무 속도 가속화	24%
7	조직의 제도적 지식에 대한 접근 개선	21%
8	직원의 업무와 회사 목표의 부합 여부 파악	21%
9	하이브리드 업무의 조율 어려움 제거	20%
10	포용성 향상	18%
11	인력 감축	16%

MIT 경제학 전공 박사과정 2명의 실험[6]을 살펴보면 더 흥미롭습니다. 대졸자 444명을 두 그룹으로 나누고 이메일, 짧은 보고서, 분석 계획서 등의 문서를 작성하게 합니다. 한 그룹에는 문서 편집기를, 다른 한 그룹에는 생성형 AI(챗GPT)를 사용하도록 했습니다. 각 그룹의 결과물 품질을 평가해보니 챗GPT를 사용한 그룹은 작업 시간이 30분에서 17분으로 거의 절반이 줄어들었다는 것을 확인했습니다. 그리고 문서의 품질도 생성형 AI를 활용한 그룹이 7점 만점 중 4.7점으로 문서 편집기를 활용한 그룹보다 0.7점 더 높았다는 것을 확인했습니다. 생성형 AI가 속도와 질 모두를 개선했다는 결과입니다.

앞서 소개한 디즈니 사례와 같이 강력한 생성형 AI의 위력을 체감한 사람들은 생성형 AI에 감탄을 넘어 두려움, 즉 AI 포비아를 느끼기 시작했습니다. 생성형 AI가 업무를 처리해주면 업무가 편해지고 그만큼 일에서 자유로워질 텐데, 왜 두려움을 느끼는 것일까요? 사람들은 닥쳐올 미래에 대한 촉이 살아 있기 때문은 아닐까요?

'리더가 생각하는 직장에서의 AI 이점'에 대한 설문조사 결과의 제일 마지막 순위를 살펴보면 리더들은 AI의 이점으로 '인력 감축'을 떠올립니다. '인력 감축' 항목이 가장 낮은 16%에 불과하지만 나머지 모든 항목이 결과적으로 인력 감축을 향하고 있다는 점을 이해해야 합니다.

저자는 2018년부터 AI 채용에 대해서 연구하고 관련 교육들을 진행해왔습니다. 비교적 빠르게 업무에 AI를 도입한 HR 시장이 어떻게 변화해왔는지를 픽션으로 구성해보았습니다. 이 픽션을 통해 앞으로 AI로 인한 인사관리의 변화 과정을 이해하는 데 도움이 될 것입니다.

AI 채용 솔루션이 처음 개발되었을 당시 기업에 솔루션을 팔기 위한 마케팅 전략으로 인사담당자들을 파고들었습니다. 인사담당자들이 가장 매력적으로 느낄 수 있는 카피가 바로 "가장 바쁜 인사 시즌에도 칼퇴를 보장합니다"였습니다. 한창 '워라밸^{work-life balance}(일과 삶의 균형)'이라는 단어가 사람들의 관심을 끌고 있던 시점이라 인사담당자에게는 더 매력적으로 느껴졌을 것입니다.

인사담당자들은 업무의 효율성을 높이고 칼퇴도 보장해준다는 AI 채용 솔루션 업체의 말에 앞다퉈 부서장과 사장을 설득해 AI 채용 솔루션을 도입하도록 적극적으로 설득합니다. 반신반의하던 부서장과 사장도 직원들의 성화에 어쩔 수 없이 솔루션 도입을 결정하고 실제 업무에 적용하기 전 파일럿 테스트를 진행해봅니다. AI 채용 솔루션은 사람들의 평가기준과 미세하게 차이가 있기는 했지만 솔루션 업체에서 홍보한 그대로 지원자들을 빠르고 정확하게 분석해냈고, 실제로 AI 채용 솔루션을 적용하게 됩니다.

AI 채용 솔루션이 지원자들을 자동으로 구분하고 안내 메시지와 메일을 보내고 비대면 평가까지 막힘없이 진행하니 정말 채용 시즌에도 인사팀은 야근할 필요가 없어졌습니다. 인사담당자들은 그들이 꿈꿔왔던 대로 채용 시즌에 활짝 미소를 지으며 퇴근을 합니다. 팀장도 AI 채용 솔루션 도입 성과를 사장에게 보고하자 인사 제도를 발전시킨 공로를 높게 평가받습니다.

1년이 흐른 후에도 AI 채용 솔루션을 도입해서 채용 시즌에도 인사담당자들은 여전히 칼퇴를 즐기고 채용도 순조롭게 진행됩니다. 사장은 팀장의 보고를 받고 만족했지만 그의 표정에는 좀 아쉬움이 섞여 있었습니다. 사장은 팀장에게 말합니다. "요즘 인사팀이 가장 바쁜 시즌에도 야근이 없으니 인력을 줄여보는 것도 나쁘지 않겠어. 팀장 생각은 어때?" 승진 평가를 앞두고 있는 팀장은 사장의 말을 가볍게 넘길 수 없었습니다. 팀장은 울며 겨자 먹기로 사장의 의견에 따라 팀원을 줄이게 되고, 사장의 요구는 매년 이어졌습니다. 채용 업무를 효율적으로 처리하고 덤으로 칼퇴도 하기 위해 도입한 AI 채용 솔루션이 결국 인사담당자들의 일자리를 갉아먹는 꼴이 되어 버렸습니다.

소개한 픽션을 살펴보면 AI가 사람들의 일을 어떻게 대체해 가는지 그 과정을 쉽게 이해할 수 있을 것입니다. 결국 극단적으로 업무가 효율화된다면 그 일에 사람을 투입하는 것은 최소화되기 마련입니다. 〈업무동향지표 2023〉에서 인력 감축이 가장 낮은 순위에 있지만 픽션에서 살펴본 것과 같이 시간이 갈수록 리더들은 인건비 감축이라는 달콤한 유혹을 뿌리칠 수는 없을 것입니다.

업무 방식의 변화

생성형 AI의 등장은 기업의 업무 방식에도 큰 변화를 일으키고 있습니다. 마이크로소프트에서 〈업무동향지표 2023〉과 함께 발표한 자료 중에서 가장 눈에 띄는 부분인데요. 2023년 3월 한 달간 마이크로소프트 365에서 사용된 업무시간의 비율에서 창작의 비중이 당연히 높다고 생각했지만 현실은 창작(43%)보다 커뮤니케이션(57%)이 더 높은 것으로 나타났습니다.

이 조사 결과는 설문조사 결과가 아니라 MS오피스를 사용하는 데이터에서 추출한 내용이어서 더 충격입니다. 다시 말해 MS오피스 365 사용량을 살펴보면 파워포인트, 워드, 엑셀, 원노트 등 창작 업무에 할애하는 시간보다 이메일, 팀즈 미팅(ZOOM과 같은 온라인 미팅 툴), 팀즈 채팅(업무용 메신저)과 같은 커뮤니케이션 업무에 더 많은 시간을 쏟고 있는 것입니다. 마이크로소프트에서는 이에 대해 데이터의 양이 우리가 처리할 수 있는 범위를 넘어서는 경우에 발생하는 문제(디지털 부채)가 늘어났기 때문에 커뮤니케이션 툴을 활용하는 데 시간이 늘었다고 해석합니다. 하지만 업무 자동

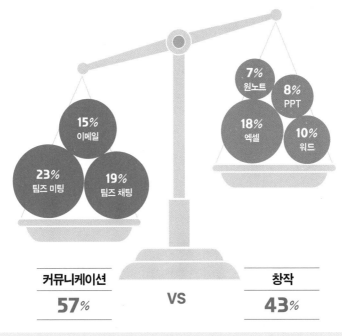

그림 4 | MS 2023년 3월 한 달간 마이크로소프트 365에서 사용된 업무시간의 비율

화와 AI가 업무에 적용되기 시작하면서 과거에 비해 창작에 투입되는 시간이 줄어들어 커뮤니케이션에 보다 집중하게 되는 현상으로도 해석할 수 있습니다.

 '인재상 변화'의 내용과 함께 살펴보면 앞으로 업무는 직원들이 전문적인 업무를 처리하는 데 집중하기보다는 상급자, 고객, 직장 동료, 업무 파트너(기업 및 프리랜서) 등과 함께 커뮤니케이션을 하고 커뮤니케이션 내용을 정리해 AI에게 업무를 지시(AI 위임)하고 검토하고 피드백하는 형태로 발전할 것으로 그려볼 수 있습니다. 그야말로 직무의 전문성만큼이나 커뮤니케이션 스킬이 중요해지고 있습니다.

업무 방식은 창작 중심에서 커뮤니케이션 중심으로 이동하고 있고, 앞으로 더 빠르게 변화할 것입니다. 인간은 이제 창작의 주체이기보다는 커뮤니케이션의 주체로서 업무에 투입됩니다. 이는 최근 채용에서 커뮤니케이션 능력과 소프트 스킬의 중요성을 강조하고 있는 현상과 흐름을 같이 합니다. 사람이 창작의 주체일 때 직무 능력은 중요했지만, AI가 사람보다 높은 직무 전문성을 가질 것이라고 예상되는 지금, 우리는 빠르게 커뮤니케이션 능력과 소프트 스킬 능력 중심으로 이동해야 합니다. 심지어 AI와도 정확하게 커뮤니케이션할 수 있는 능력을 갖춰야 합니다.

지금 인사 및 채용 시장에서는 직무새(채용에서 직무만을 앵무새처럼 반복해 외치는 전문가)가 넘쳐납니다. 물론 저자인 저까지 포함해서요. AI가 업무 전반에 널리 활용되는 시점에는 직무새가 아니라 커뮤새, 소통새가 판을 칠 것입니다.

우리가 마주한 변화의 징조들은 일상과 업무 환경에 이미 깊이 침투해 있습니다. 이러한 변화를 효과적으로 이해하고 대응하기 위해서는 먼저 AI 시대의 필수 역량에 대한 새로운 인식이 필요합니다. 마이크로소프트의 <업무동향지표 2023>에서 제시된 분석적 판단, 유연성, 감성 지능 등의 역량은 단순히 직원들에게 필요한 기술이 아닌, 오늘날 업무 환경에서 필수적인 자질로 부상하고 있습니다. 이는 리더와 직원의 경계가 점차 허물어지는 상황을 반영합니다.

또한, 업무 환경의 변화는 AI의 활용으로 인해 직원의 생산성과 복지 향상이라는 긍정적인 측면을 가져왔습니다. MIT의 연구에서도 AI의 효율적인 활용이 업무 속도와 품질을 모두 개선한다는 사실이 확인되었습니다. 그러나 이러한 변화의 물결 속에서는 AI 포비아와 같은 부정적인 감정도 존재합니다. AI의 확산과 함께 직원의 역할이 변하고 있다는 사실은 불가피한 현실입니다.

업무 방식의 변화 역시 눈에 띄는 징조 중 하나입니다. 창작보다는 커뮤니케이션에 더 많은 시간을 할애하게 된 현대의 업무 환경은 AI와의 효율적인 상호작용이 중요한 역량으로 자리 잡고 있습니다. 이는 커뮤니케이션 능력과 소프트 스킬의 중요성이 증가하고 있음을 의미합니다.

03

변화에 대한 미래 대응 전략

세상은 빠르게 변하고 있습니다. 우리의 기대 수명이 늘어나면서 인생의 패턴도 변하게 되었습니다. 인생 2모작에서 인생 N모작으로, 그리고 이제는 '인간 메뚜기떼'까지. 한 분야에 평생을 바치던 시대에서 여러 분야를 경험하는 시대로 변화하고 있습니다. 그리고 이런 변화를 이끄는 주요한 원인 중 하나는 바로 자동화 기술, 즉 로봇과 AI입니다.

하지만 이런 변화가 우리의 삶에 어떤 영향을 미칠지, 그리고 우리가 어떻게 대응해야 할지는 아직 확실하지 않습니다. '검은 코끼리'와 '검은 백조'라는 두 가지 개념을 통해 이런 불확실성을 이해해보려 합니다. '검은 코끼리'는 우리가 이미 알고 있지만 해결하기 어려운 문제를, '검은 백조'는 예측하기 어려운 큰 변화를 의미합니다.

자동화 기술의 발전은 앞으로 우리에게 '검은 코끼리'와 '검은 백조'를 동시에 가져올 것입니다. 많은 일자리가 사라질 것이라는 '검은 코끼리', 그리고 AI 기술의 급격한 발전으로 일어날 예측하지 못한 변화, 즉 '검은 백조'입니다. 이런 상황에 대비하기 위해서는 무엇이 필요할까요?

인생 2모작 → 3모작 → N모작 → 인간 메뚜기떼

대한민국의 기대수명은 2021년 기준(가장 최근 통계청 데이터)으로 1970년도와 비교해 21.3세 증가했습니다. 1970년도에 태어난 사람이 평균적으로 62.3세까지 살 것이라 기대했고 그중에서 남성은 58.7세에 불과했습니다. 이 당시 기준으로 보면 정년퇴직까지 살아 있다는 것은 운이 따라 주어야 가능했던 일이었습니다. 정년퇴직을 하고 살아 있다고 하더라도 '여생餘生(앞으로 남은 인생)'이라는 표현이 딱 들어맞았습니다.

사람들의 기대수명이 점차 늘어나면서 정년퇴직 후의 삶에 대해서도 고민하게 되었고, 인생 2모작 개념이 생겨났습니다. 이후 지속적으로 기대수명은 증가했지만 정년이라는 개념은 사라지며

표 6 | 기대수명과 성별 기대수명

구분	1970	1980	1990	2000	2010	2011	2012	2013	2014	2015	2016	2017	2018	2019	2020	2021
전체	62.3	66.1	71.7	76.0	80.2	80.6	80.9	81.4	81.8	82.1	82.4	82.7	82.7	83.3	83.5	83.6
남자	58.7	61.9	67.5	72.3	76.8	77.3	77.6	78.1	78.6	79.0	79.3	79.7	79.7	80.3	80.5	80.6
여자	65.8	70.4	75.9	79.7	83.6	84.0	84.2	84.6	85.0	85.2	85.4	85.7	85.7	86.3	86.5	86.6

출처: 통계청, 〈생명표〉 2022

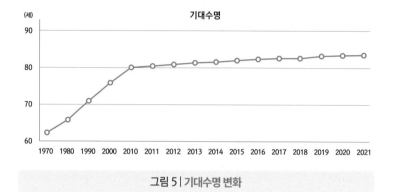

그림 5 | 기대수명 변화

일자리는 불안정해집니다. 인생 3모작, 더 늘리기 민망했는지 N모작이라는 개념까지 만들어졌습니다. 과거에는 한 사람이 한 분야(커리어)에 평생을 바친다는 말이 어느 정도 일리가 있었지만, 이제 커리어는 한 사람의 인생에서 다양하고 복합적으로 나타나게 되었습니다. 여기에 로봇과 AI 등 자동화 기술의 영향이 더해지며 커리어는 N모작을 넘어 '인간 메뚜기떼'로 변해가고 있습니다.

세계경제포럼The World Economic Forum(이하 WEF)은 미래의 일자리에 대해 2023년 5월 〈일자리의 미래 2023Future of Jobs Report 2023〉[7]을 발

표했습니다. 해당 자료는 전 세계 27개 산업 클러스터와 45개 경제권에서 총 1,130만 명 이상의 근로자를 고용하고 있는 글로벌 기업 803개의 의견을 조사한 내용입니다.

해당 자료에서 2027년까지 5년 동안 노동 시장의 변화로 한국을 포함한 전 세계적으로 일자리의 23%인 8,300만 개가 사라지고 6,900만 개의 일자리가 생긴다고 발표했습니다. 결국 5년 안에 현재 고용의 2%에 달하는 1,400만 개의 일자리가 사라진다는 전망인데요. 이는 기존 일자리가 사라지고 새로운 일자리가 생기는 형태로 전환된다고 볼 수 있습니다.

이러한 변화는 업무의 자동화 영향이 큽니다. 자료에 따르면 현재 기업들은 모든 업무 관련 작업 중 34%를 기계가, 나머지 66%는 인간이 작업한다고 조사되었습니다. 하지만 2027년에는 42%의 작업이 자동화될 것으로 예상하고 있습니다. 2027년의 자동화는 추론 및 의사결정의 35%부터 정보 및 데이터 처리의 65%까지 다양할 것으로 예상합니다. 그러나 물리적 노동과 수작업이 기계에 의해 사라질 것이라는 기대는 상대적으로 줄었지만 추론, 의사소통, 협상 등 인간이 더 잘할 수 있다고 여겨지는 작업은 미래에 보다 더 자동화될 것으로 예상됩니다.

또 발표에 따르면 앞으로 5년 동안 가장 늘어날 일자리 중 1위가 농기계 조작 기사, 2위가 중장비 트럭 및 버스기사, 3위가 직업교육 강사입니다. 1, 2위를 차지한 농기계 조작 기사와 중장비 트

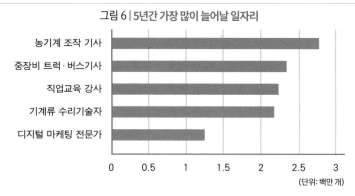

그림 6 | 5년간 가장 많이 늘어날 일자리

농기계 조작 기사
중장비 트럭·버스기사
직업교육 강사
기계류 수리기술자
디지털 마케팅 전문가

0   0.5   1   1.5   2   2.5   3
(단위: 백만 개)

(자료: WEF The Future of Job Report 2023)

력 및 버스기사도 의외지만 앞으로 농업의 자동화 및 기계화, 물류의 폭발적인 증가를 예상해본다면 그리 놀라울 것이 없습니다. 그리고 직업교육 강사는 일자리 증가에서 3위에 있지만 왜 3위인지 해석하기 쉽지 않습니다.

이해하기 쉽게 풀어서 설명해보겠습니다. WEF의 발표 내용을 한마디로 요약하면 앞으로 자동화 기술로 수많은 일자리가 사라지고 다시 생겨난다는 것입니다. 이 과정 속에서 사람들은 자동화 기술의 도움으로 기존 직업에서 수월하게 새로운 직업으로 이동하게 될 것입니다. 기업의 운영비 중에 인건비의 비중이 크기 때문에 현재 인건비가 가장 비싸거나 인력이 많이 투입되는 업무에서 자동화 기술로 대체할 수 있는 영역이 가장 먼저 대체되기 시작합니다. 그다음 영역이 차차 자동화 기술로 대체될 것입니다. 앞서 AI 채용 솔루션이 도입되는 과정을 소개했듯 자동화로 인간의 노동력이 차차 밀려나는 형태가 됩니다. 인간의 영역을 자동화 기술이 계속 대체하면서 다음 그림과 같이 사람들은 자동화 기술이 침범하지 않은 새로운 커리어를 찾아서 이동하는, 그야말로 '메뚜기떼 형태'의 커리어를 가지게 될 것입니다. 그 과정에서 직업교육 강사는 사람들의 재취업을 위한 교육을 계속하게 될 것입니다.

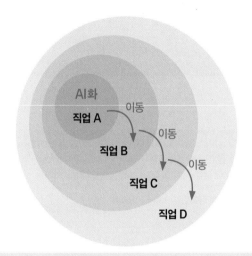

그림 7 | 메뚜기떼 형태의 커리어

검은 백조Black Swan와 검은 코끼리Black Elephant 사이에서

검은 백조라고 표현한 '블랙스완'은 경제학자 나심 탈레브 Nassim Taleb가 제안한 개념입니다. 매우 드문 사건이지만 일단 발생

표 7 | 검은 백조와 검은 코끼리 비교 정리

	검은 백조(Black Swan)	검은 코끼리(Black Elephant)
정의	예측할 수 없고, 발생 확률이 매우 낮지만 일단 발생하면 엄청난 영향을 미치는 사건	이미 알고 있지만 인정하고 싶지 않거나 무시하려는 큰 문제
예시	2008년 글로벌 금융위기, 1997년 아시아 금융위기 등	기후변화, 저출산 문제 등
특징	• 예측하기 어렵다. • 발생 확률이 낮다. • 일단 발생하면 큰 영향을 미친다.	• 이미 알려져 있지만 해결이 어렵다. • 대응하기를 회피하거나 무시하는 경향이 있다. • 주의를 기울이지 않으면 결국 큰 문제로 이어진다.

하면 엄청난 영향을 미치며, 사전에 예측하기 어렵다는 특징을 가진 사건을 의미합니다. 대표적인 사례로 '2008년 글로벌 금융위기', '1997년 아시아 금융위기'가 블랙스완에 해당한다고 볼 수 있습니다.

'검은 코끼리'는 환경 운동가 아담 스웨이단$^{Adam Sweidan}$이 만든 개념으로, '검은 코끼리'는 사실 이미 알고 있지만 인정하고 싶지 않거나 무시하려는 큰 문제를 가리킵니다. 이러한 문제들은 종종 예상 가능하지만 그 해결 방법이 명확하지 않거나 대응하기 어렵기 때문에 우리의 주의를 피하게 됩니다. 대표적인 사례로 기후변화와 저출산 문제 등을 들 수 있습니다.

'검은 백조'와 '검은 코끼리'는 모두 예측하기 어렵거나 대응하기 어려운 큰 문제를 다루는 개념으로, 둘 다 큰 영향력을 가진 사건이나 문제를 가리킵니다. 이들 사건이나 문제들은 종종 기존의 틀을 깨뜨리고 새로운 상황을 만들어냅니다. 이런 상황들에 대응은 쉽지 않으며, 사람들에게 복잡하고 어려운 도전을 요구합니다.

'검은 백조'는 예상치 못한 사건을 의미하는 반면, '검은 코끼리'는 이미 알고 있지만 무시하거나 회피하려는 문제를 의미합니다. '검은 백조'의 경우 발생 확률이 매우 낮지만 일단 발생하면 그 영향력이 막대한 반면, '검은 코끼리'는 발생 가능성이 크거나 이미 진행 중인 상황을 가리키며 그 해결 방안 마련에 어려움을 겪습니다. '검은 백조' 사건은 일반적으로 외부적 요인에 의해 발생하는 반면, '검은 코끼리' 문제는 내부적인 부정적 현상 혹은 경계 인식의 실패로 인해 발생합니다.

자동화 기술(로봇, AI)로 인한 노동 시장의 변화는 검은 백조와 검은 코끼리 요소가 섞여 있습니다.

먼저, 자동화로 인한 '검은 백조' 현상으로 해석해보면 중장기적인 자동화로 노동 시장의 변화와 경제에 미치는 영향은 예측할 수 없습니다. AI 기술의 급격한 발전과 그 결과로 나타날 수 있는 상황들(예: 완전 자율주행차량 도입으로 인한 교통 패턴 변화, AI의 창의적인 업무 수행 능력 등)은 예측하기 어렵지만 일단 발생하면 그 영향력은 매우 클 것입니다. 이러한 변화가 일어난다면 많은 직업이 자동화됨으로써 경제 구조와 노동 시장에 많은 변화를 가져올 것입니다. 이로 인해 생산성 향상과 비용 절감 등 긍정적인 효과도 있지만, 한편으로는 실업률 증가 등 부정적인 영향도 불가피하게 생길 것입니다.

노동 시장이 앞으로 어떻게 될지 전문가들의 다양한 예측이 진행되고 있지만 한 방향으로 합의가 이루어지지 않습니다. 경제적인 측면에서도 양극화가 더 심해질 것이라는 주장과 로봇(AI)세를 도입해 사람들은 AI와 로봇이 생산한 결과를 향유하는 미래를 그리는 학자도 있습니다.

다음으로 '검은 코끼리' 현상을 단기적으로 해석해보면 AI와 관련된 여러 가지 문제(예: 일자리 감소, 데이터 프라이버시 침해 등)는 이미 잘 알려져 있고 예상 가능하지만, 그 해결책이 명확하지 않아서 문제해결에 집중하기 어렵게 합니다. 이는 AI 기술의 발전 속도와 그로 인한 변화 속도를 따라잡기 위한 정부 정책 및 법률 제정 등의 대응 방안 마련이 필요합니다. 일자리 감소 문제는 '검은 코끼리'의 전형적인 예입니다. AI와 로봇 기술 발전으로 많은 일자리가 사라질 것이라는 우려는 오래전부터 제기되었습니다. 하지만 이 문제에 대한 구체적인 해결 방안을 마련하기 어렵기 때문에 적극적인 대응을 피하는 경향(물론 많은 전문가와 학자가 연구하고 있지만)이 있습니다.

인공지능 시대는 우리에게 이미 알려진 다양한 도전(검은 코끼리)과 예상치 못한 변화(검은 백조)를 모두 가져올 것입니다. 이러한 상황을 이해하고 대비하는 것이 중요합니다.

마무리

'검은 백조'와 '검은 코끼리' 사이에서 우리는 AI와 자동화의 미래에 대비해야 합니다. 불가피한 기술의 발전은 새로운 형태의 일자리를 창출하고, 기존의 일자리를 변화시킬 것입니다. 이러한 변화에 적응하고 준비하는 것이 이 시대를 살아가는 우리의 중요한 과제가 되어야 합니다. 결론적으로, AI 시대가 다가오는 것은 피할 수 없습니다. 이에 대한 준비와 대응은 개인과 조직의 중대한 책임입니다. AI와 자동화 기술의 발전을 이해하고, 이를 활용하여 더 나은 미래를 만드는 데 필요한 역량을 갖추는 것이 우리 모두의 과제가 되어야 할 것입니다.

산업화 시대와 유사하면서도 전혀 다른 양상의 변화가 우리 삶 속으로 다가왔습니다. 산업화 시대에는 육체노동자들이 기계화의 물결에 밀려나 거리로 내몰리는 현상을 목격했습니다. 노동의 분해와 재조합이라는 새로운 시스템, 즉 '분업'의 시대가 도래했었죠. 이제는 생성형 AI의 등장으로 정신노동자들의 차례가 되었습니다. 육체노동과 정신노동을 가리지 않고 일들은 사라지기도 하고, 새로운 형태로 변모하거나, 이전에는 상상하지 못했던 방식으로 서로 결합되기도 합니다.

우리는 현재, 기술의 급격한 발전이 일으키는 직무의 종말 시대에 살고 있습니다. 이 시대는 단순히 기술적 혁신의 시대가 아니라, 직업과 노동의 본질, 그리고 인간의 역할과 가치에 대한 근본적인 재평가를 요구하는 전환점입니다. 산업화 시대가 물리적 노동의 구조를 변화시켰듯, 현재의 세기말적 현상은 정신적, 창의적 노동의 경계를 넓히고 재정의하고 있습니다.

이러한 변화의 소용돌이 속에서 우리는 기존의 직업 구조와 노동 시장에 대한 이해를 넘어서, 더 유연하고 다양한 관점으로 미래를 바라보고 대응해야 합니다. 직무의 종말은 끝이 아니라, 미래 직업 세계의 새로운 시작을 알리는 신호입니다. 우리는 이 변화를 기회로 삼아 개인의 역량을 강화하고, 기술과의 조화로운 공존 방식을 찾아나가야 합니다.

다음 장에서는 이 시대를 이끌고 있는 전문가들이 어떠한 상황에 직면해 있는지에 대해 깊이 있게 탐구해보겠습니다. 그들의 변화를 통해 직무의 종말이 우리 삶에 어떤 의미를 가지며, 어떻게 접근해야 할지를 살펴보겠습니다.

전문가의

종말

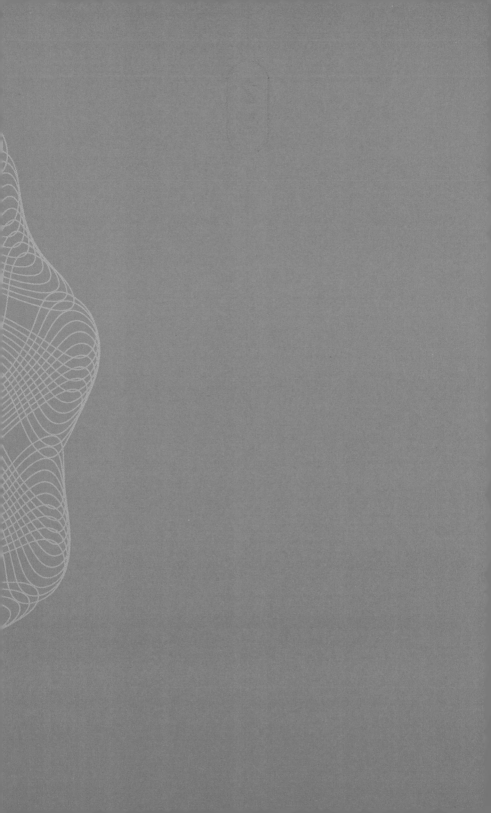

"인간은 변화에 적응하는 종이며,

그것이 우리를 여기까지 오게 한 것이다

(Intelligence is the ability to adapt to change)."

– 스티븐 호킹(Stephen Hawking)

인건비가 높은 분야일수록 AI의 대체효과는 더 극적입니다. 전문직은 기술만 개발된다면 더 빠르게 자동화 기술로 대체될 것입니다. 일반적으로는 단순반복 노동이 기술로 빠르게 대체될 것이라고 말합니다. 단순반복 노동이 기술적으로 쉽게 대체할 수 있다는 의미입니다. 하지만 더 스마트해진 AI는 더 큰 보상을 향합니다. 고소득 전문직은 AI로 대체될 1순위 직업입니다.

전문가의 업무는 기억력과 분석력, 업무 숙련도가 있어야 가능했습니다. 자동화 기술이 발달한 지금은 전문가가 아닌 일반인들도 충분히 처리할 수 있습니다. 특히, 과거와 비교할 수 없을 정도로 편리해진 부분은 세금 처리입니다. 세무 앱APP을 이용해 영수증 처리와 기장하고 '홈택스^{Hometax}(온라인 세무서)'에서 온라인으로 세금 관련 일을 처리합니다. 궁금한 내용은 앱을 활용해 문제를 간단히 해결합니다. 이 과정에서 세무사가 끼어들 틈은 과거에 비해 많이 줄었습니다(그럼에도 여전히 필요하지만).

현재 많은 사람이 우러러보는 최고의 전문직 집단(의사, 변호사, 회계사, 세무사 등)에 자동화 기술의 그림자가 드리웠습니다. 전문가들은 이에 대응해 자동화 기술과 협업, 대체, 법적 분쟁 등 발빠르게 움직이고 있습니다. 특정 분야는 기술 적용이 용이해 자동화 기술이 더 빠르게 침투할 것입니다. 이제 모든 전문 영역이 '언제 자동화될까?'의 시점 문제일 뿐, 더이상 성역은 없습니다.

이번 장에서는 전문가의 영역이 자동화(AI와 로봇기술)로 어떻게 변해가고 있는지 그 현실을 살펴보겠습니다.

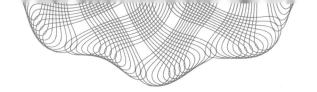

01

전문자격증의 종말

전문자격증은 불패의 신화입니다. 특히 5대 전문직이라 불리는 최고의 전문가 집단들은 지금까지 우리 사회에서 엄청난 영향력을 발휘하고 있습니다. 많은 사람이 전문자격증과 면허증을 획득하기 위해 밤잠을 설치는 이유기도 합니다. 하지만 안타깝게도 직무의 종말 징조는 여기서부터 찾아볼 수 있습니다. 어떻게 보면 한평생을 걱정없이 안전하게 지켜줄 자격증은 이제 존재하지 않습니다.

전문자격증과 면허증이 어떻게 종말을 맞이하고 있는지 지금부터 함께 살펴보도록 하겠습니다.

'의대천국 잡대지옥'에서 '인공지능 로봇 의사'로

의대에 많은 학부모와 학생이 목숨을 거는 이유가 무엇일까요? 의대에 합격해 수련기간을 거치면 안정적인 직장과 높은 수입, 사회적 지위에 매력을 느끼기 때문일 것입니다. 하지만 이미 우리에게 다가온 미래는 의사의 전문성을 위협하고 있습니다.

논문 〈의료 로봇과 인공지능의 만남〉[8]에서 연구자들은 "의료 로봇의 AI 응용은 의학에 새로운 시대를 가져오고 있다"고 이야기합니다. 연구자들은 "AI 기술은 자율 로봇이 진단 이미징, 원격 수술, 수술 하위 작업 또는 전체 수술 절차를 수행하도록 할 수 있다"고 합니다. AI가 접목된 수술용 로봇은 인간의 실수를 막아줍니다. 손 떨림으로 발생하는 조직 손상을 막아 문제없이 수술을 마칠 수 있도록 도와줍니다.

영국의 '베스대학교University of Bath'는 2022년에 골절 엑스레이X-ray 사진을 분석하는 AI 시스템을 검증하기 위해 실험[9]을 진행했습니다. 2,000여 장의 엑스레이 사진을 전문의 5명에게 맡긴 결과 정확도는 77.5%였습니다. 전문의 5명이 교차 검증을 해도 10건 중 2건의 골절을 발견하지 못했습니다. 하지만 AI의 골절 진단 정확도는 92%였습니다. AI는 전문의 5명의 교차 분석보다 정확도가 10% 이상 높았습니다. AI가 의사보다 골절 진단을 더 잘한 것입니다.

의료 AI 기업 '루닛Lunit'은 AI가 유방암 검진에서 의료진을 대체할 수 있다고 발표했습니다. AI 도입 가능성을 분석하기 위해 2021년 4월부터 2022년 6월까지 15개월 동안 5만 5,000여 명을 대상으로 연구했습니다. 연구는 전문의 2명, AI와 전문의 1명, AI 단독으로 진단하는 경우 3가지로 나눠 결과를 분석했습니다. 연구 결과 AI와 전문의 1명을 결합한 경우가 전문의 2명보다 더 많은 유방암을 발견했습니다. AI만으로 영상을 판독해도 전문의 2명과 비슷하게 유방암을 발견했습니다. 1,000명당 암 발견율[CDR]은 AI와 전문의 1명이 4.3, 전문의 2명이 4.1, AI 단독이 4.1로 나타났습니다. 앞으로 AI가 보완된다면 의사와 AI가 함께 진단하는 시대가 올 것입니다.

표 8 | AI 솔루션 유방암 검진 실험 결과

루닛 AI와 전문의 1명	전문의 2명	루닛 AI 단독
4.3	4.1	4.1

(단위: CDR)

이스라엘의 '제네티카플러스[Genetika+]'는 환자에게 가장 적합한 항우울제 용량을 찾도록 돕는 AI를 개발했습니다. 우울증의 경우 정신과 의사들은 환자에게 적절한 양을 처방하기 위해 노력합니다. 의사는 적절한 투약 용량을 찾기 위해 환자의 상태, 약물에 대한 민감도, 외부환경 등 여러 가지를 고려하죠. 유능한 의사도 환자에게 적절한 처방을 위해서 여러 번의 시행착오로 오랜 시간이 걸립니다. 하지만 '제네티카플러스'에서 개발한 AI는 환자의 상태와 유전자 정보를 함께 분석해 개인 맞춤형 처방을 돕습니다. 의사는 AI를 활용해 원치 않는 부작용을 줄이고 처방약이 최대의 효과를 낼 수 있게 되었죠.

이 내용을 살펴보면 수술은 로봇 팔이, 진단은 AI 이미지 분석 솔루션이, 처방은 AI 처방 솔루션이 의사를 돕거나 대체하고 있습니다. 이제 더 나아가 이 모든 의료 행위를 종합해 판단하는 의사의 고유 영역마저도 AI가 넘보고 있습니다.

〈요미우리〉 신문에 따르면 미국 워싱턴대학교 자연어 처리 연구원은 챗GPT-4에 2018년부터 2022년까지 출제된 일본 의사면허시험을 풀게 했습니다. 그 결과, 챗GPT-4는 5개년 치 기출시험에서 모두 합격선을 넘는 점수를 기록했다고 합니다.

이것은 시작일 뿐입니다.

앞으로 AI는 더 많은 의료 지식을 공부하고 의료 데이터를 분석할 것입니다. 이비인후과, 안과, 내과, 외과 등으로 나눠진 전문 영역(원래는 하나였지만 인간의 능력의 한계로 구분되었던)을 하나로 합쳐 나갈 것입니다. AI는 각 분야 최고 수준 의사들의 전문성을 넘어, 여러 의료 주체(간호사, 물리치료사, 방사선사, 응급구조사 등)의 구분을 무너뜨릴 것입니다. 결국 AI는 의료체계 전체를 아우를 컨트롤 타워가 될 것입니다.

당연히 AI가 지금 당장 의사와 의료집단을 대체할 수는 없습니다. 어떻게 보면 AI와 로봇, 의사가 함께 공존하는 것이 인류에게 가장 이상적인 모습이라는 것에도 동의합니다. 하지만 AI의 역할이 점점 커지는 만큼 의사들이 설자리는 앞으로 조금씩 줄어들 수밖에 없습니다. 아직 의사는 수요에 비해 공급이 적습니다. 앞으로 AI로 의사의 수요가 줄어든다면 의사들이 누리고 있는 사회적 권위와 높은 수입, 직업의 안정성은 지금과는 달라질 것입니다. 그렇다면 지금 우리나라의 '의대 몰방' 현상은 자연스럽게 사라지지 않을까요?

법률 플랫폼 '로톡' vs 변호사협회, 그 이유는?

변호사도 기술의 발전에 영향을 받아 큰 변화와 위기를 맞이하고 있습니다. 변호사는 모두가 동경하는 전문직입니다. 변호사는 법률 전문가로서 사람들의 권리와 이익을 보호하고, 사회 정의와 질서를 실현합니다. 변호사는 법률시험을 통과하고, 변호사법에 따라 엄격한 윤리와 품위를 지켜야 하는 직업이기도 하죠. 하지만 대한변호사협회와 법률 플랫폼인 '로톡'의 9년간 법적 공방은 지금 변호사들이 처한 현실을 잘 보여주고 있습니다.

'로톡'은 2014년에 출시된 온라인 법률 상담 서비스입니다. 로톡은 사용자가 웹사이트나 앱에서 간단한 질문을 입력하면, AI가 적절한 답변을 제공합니다. 또 필요하면 전문 변호사와 연결해주기도 합니다. 로톡은 일반인들이 쉽고 저렴하게 법률 정보를 얻을 수 있도록 돕고, 변호사들에게도 새로운 수임 기회를 제공합니다. 로톡은 현재까지 100만 명 이상의 사용자가 이용하는 서비스로 발전했습니다.

IT 기술이 IT 기술에 가장 보수적인 법률 분야에 파고들기 시작한 것이죠. 로톡이 서비스를 출시한 이듬해부터 대한변호사협회는 "변호사에게 의뢰인을 불법 알선하는 서비스"라며, 로톡을 수차례 경찰에 고발했습니다. 이때부터 변호사들은 IT 기술이 법률 분야에 미칠 엄청난 파장을 이미 예상했는지도 모릅니다.

대한변호사협회는 로톡이 불법적인 법률 사무를 수행한다고 주장했습니다. 로톡이 변호사법에 맞지 않은 법률 서비스이고, 로톡은 변호사에게 의뢰인을 불법 알선하는 서비스라고 말합니다. 대한변호사협회는 로톡을 운영하는 회사에 대해 공정위에 시정조치를 요구하고, 로톡을 고발했습니다.

대한변호사협회에서 로톡 서비스에 이렇게 강력하게 반발하기 시작했을 때 대부분 '다윗과 골리앗'을 떠올렸죠. 대한민국에서 가장 역량 있는 집단인 대한변호사협회가 당연히 승리할 것으로 예상했습니다. 하지만 그 결과는 경찰과 검찰 모두 '로톡' 플랫폼이 불법이 아니라고 결론 내렸습니다.

대한변호사협회는 이에 대응해 2022년 '로톡'에 가입한 변호사들을 징계하는 규정을 만들었습니다. 이어 2022년 10월부터 2023년 2월까지 '로톡'을 이용한 변호사들에게 견책부터 과태료 (1,500만 원에 달하는) 징계를 내렸습니다.

그러나 징계받은 변호사들의 이의신청을 접수한 법무부가 2023년 9월 징계를 모두 취소하라고 결정했습니다.[10] 법무부는 로톡이 법률 사무를 행하는 것이 아니라, 일반인들이 쉽게 접근할 수 있는 법률 정보를 제공하는 것이라고 판단했습니다. 법무부는 로톡이 시장경쟁을 촉진하고, 소비자의 선택권을 확대하며, 사회적 약자의 법률 접근성을 높이는 서비스라고 인정했습니다.

이러한 판단에 대해 로톡은 환영했습니다. 반면 대한변호사협회는 로톡이 변호사의 역할과 가치를 침해하고, 소비자들의 법률 권익을 해치는 것이라고 주장하고 있습니다.

오랫동안 진행된 '로톡'과 '대한변호사협회'의 법적 분쟁은 9년 만에 결국 '로톡'의 승리로 끝이 났습니다. 대한민국에서 가장 영향력 있는 집단인 대한변호사협회의 노력에도 불구하고 기술과 인식의 변화를 가로막지 못했습니다.

이와 유사한 사례로 차량공유 서비스인 '타다'는 택시업계의 거센 반발에 부딪혀 검찰에 고발당했습니다. 검찰도 '타다'를 허가

받지 않은 불법 콜택시로 보고 기소했지만, 법원은 이를 합법적인 렌터카 서비스라고 판단해 무죄를 선고한 사례가 있습니다. '타다'의 사례와 로톡의 차이점이라면 택시업계와 변호사 집단의 영향력이라고 볼 수 있습니다. 대한민국에서 기득권을 공고히 하고 있는 변호사 집단도 결국 효율성이라는 이름 아래 새로운 기술을 받아들일 수밖에 없었습니다.

앞의 사례에서 대한변호사협회의 변호사들의 대응 과정을 살펴보면 변호사들이 느끼는 기술에 대한 공포감을 직간접적으로 느낄 수 있습니다. 이들의 모습이 곧 내 직업에서 벌어질 수 있는 일입니다. 자동화 기술이 내 일자리에 침투하고 있는 지금, 여러분은 어떻게 대응하실 건가요?

IT 기술이 한 분야에 적용되면 가장 먼저 검색이 쉬워집니다. 또 어려운 용어가 일반인도 쉽게 이해할 수 있게 정리되고, 절차가 간소화됩니다. 그동안 전문가가 아니면 접근하기 어려웠던 일들이 한결 편리해집니다. 그리고 이런 변화는 직업 전문성의 문턱을 조금씩 낮추기 시작합니다.

'로톡'의 승리는 단순히 한 기업의 생존을 넘어, 우리가 살아가는 사회에서 일하는 방식과 그에 따른 가치관이 바뀌고 있다는 중요한 신호입니다. 이제 우리는 전문직, 숙련직에 국한되지 않고 모든 직업군에서 기술 변화에 대응해야 할 시점에 서 있습니다. 기술은 분명히 정보의 장벽을 낮추고 편리하고 저렴하게 서비스를 받을 수 있도록 만들어줍니다.

이젠 IT 법률 서비스를 넘어 AI가 적극적으로 도입되고 있습니다. 판례 검색과 법률 자료 요약, 법조문 초안 작성 등을 수행하는 창조적인 AI 서비스가 등장했습니다. 이러한 서비스는 주로 주요 법률 사무소에서 문서 작업에 사용되고 있습니다. 또한, 해외 법조계에서도 이 같은 AI 서비스의 사용이 증가하면서 법률과 기술의 결합을 의미하는 '리걸테크Legal-Tech' 시장이 빠르게 성장하고 있습니다. 현재 전 세계적으로 약 7,000개 이상의 리걸테크 기업이 활동 중입니다.

이렇게 극단적으로 효율성이 추구되는 법조계의 모습은 사람이 전혀 투입되지 않고 AI가 일을 처리하는 것입니다. 앞서 소개한 '로톡' 사건은 앞으로 자동화 기술에 빗장을 굳게 걸고 있는 여러 전문가 집단에게도, 지극히 평범한 직업 집단에게도 벌어질 일입니다. 이러한 기술이 전문가들의 역할과 가치를 어떻게 바꾸고 있는지, 그리고 전문가들이 어떻게 적응하고 혁신해야 하는지에 대해 논의해야 합니다.

회계사, 세무사: 빠르게 기술로 대체 중

〈월스트리트저널〉은 챗GPT로 가장 많이 사라질 직업은 회계사라고 보도했습니다. 다음으로 수학자, 통역사, 작가 순으로 직업군이 사라질 것이라고 밝혔습니다. 골드만삭스는 생성형 AI가 미국과 유럽 전체 직업 중 3분의 2에 영향을 준다는 보고서를 냈습니다. 그중에서도 행정 업무의 46%, 법률 업무의 44%가 AI로 대체될 것이라고 합니다.[11] 국내에서 언론진흥재단이 조사한 온라인 설문조사 결과에서 생성형 AI의 발달로 사라질 위기에 있는 직업 4위에 '세무사와 회계사'가 꼽혔습니다.

표 9 | 국세청 AI 세금비서 단계별 로드맵

2023~2024년	2025~2026년	2027~2030년
1단계(단기) 시범 적용	2단계(중기) 중점 적용	3단계(장기) 기능 확장
납세자 그룹핑, 클래스 분류 • 음성안내 및 도움말 • 민원서류 자동 분류 • 신고서식 유형 추천 • 신고서식 작성 지원(이상탐지) • 4단계 챗봇(자연어 처리)	• 신고서식 작성 지원(추천) • 텍스트 내 개인정보 검색 • 제출서류 기반 절세 추천 • 녹취파일 텍스트로 변환 • 이미지 자동분류, 문자추출 • 5단계 챗봇(감성/이력 처리)	• AI 상담원의 음성 상담 • 서식 작성 고도화 • 절세 지원 고도화 • 강화학습 기반 절세 지원 • 6단계 챗봇(상황 맞춤형) • AI 가상인간 적용

(자료: 국세청)

국세청이 발표한 디지털 혁신 내용을 살펴보면 AI 서비스를 대폭 강화한다고 합니다. 국세청은 "납세자가 세무서를 직접 방문하지 않고 전문가의 도움 없이도 신속하고 편리하게 세금신고를 할 수 있도록 하겠다"고 말합니다. 사업자가 세무사 도움 없이도 창업부터 세금신고, 납부, 상담까지 모바일에서 대부분 가능하게 하고, 영상통화 및 카메라로 온라인에서 사업자등록 확인이나 전자신고까지 할 수 있는 환경 조성을 계획하고 있습니다.[12]

거기에 모바일 '홈택스^{Hometax}(온라인 세무서)'는 AI 비서와 같이 대화형으로 세금신고가 가능하도록 바꿉니다. 또 국세청은 세무정보를 바탕으로 개인별로 꼭 필요한 10여 개 메뉴를 추천하는 맞춤형 포털도 개발합니다. 이 계획이 그대로 실현된다면 그야말로 세무 업무에 전문가는 더 이상 필요 없는 시대가 될 것입니다.

국세청 발표는 장차 세무사가 될 수 있는 집단(국세청 직원으로 일정기간 근무 시 세무사 시험 일부 면제의 혜택이 존재)에서 세무사의 업무를 보호하기보다 사용자를 고려하는 모습이 인상적입니다. 앞서 소개한 내용들은 앞으로 세무사에게 다가오고 있는 미래이지만, 지금 현재에도 자동화 기술이 적극적으로 업무에 적용되고 있는 사례이기도 합니다.

'삼쩜삼'은 숨어 있는 세금 환급금을 찾아주는 서비스로 3년 만에 1,500만 명의 가입자를 모았습니다. 대한민국 경제 활동 인구 기준으로 2명 중 1명이 사용하는 서비스입니다. N잡러를 타깃으로 홈택스 회원 간편인증만으로도 종합소득세 예상 환급액을 바로 알려줍니다. 또 종합소득세 신고와 환급까지 도와주는 편리한 세무 서비스입니다. 개인정보만 입력하면 되는 편리함으로 불편하고 어렵다는 기존 세무의 이미지를 완전히 바꿔 놓았습니다.

세무에서 기장 업무는 가장 손이 많이 가는 일 중 하나인데요. 이를 위해 세무기장 자동화 서비스들이 다양하게 출시되어 있습니다. 가장 대표적인 서비스가 '머니핀'입니다. 계좌와 연동해 자동으로 기장해줍니다. 영수증 처리는 모바일로 사진촬영을 해서 올리면 텍스트를 인식해서 자동으로 기장해주고 항목에 맞게 분류해줍니다. 사업자가 할 일은 사진을 찍는 것과 결과물을 검토하는 것뿐이죠. 편리하고 비용도 절약되다 보니 사업자 입장에서 세무사에게 기장 대행을 맡길 필요가 그만큼 줄었습니다. 뿐만 아니라 부가세와 종합소득세 등 세금신고도 스마트폰으로 간단하게 처리할 수 있으니 그야말로 내 손 안에 24시간 퇴근하지 않는 세무사를 두게 된 것입니다.

회계의 영역에서도 마찬가지입니다.

국내 기업의 회계·재무·감사 등 업무에 종사하는 직원 600여 명을 대상으로 설문조사(EY한영)를 했습니다.[13] 그 결과에 따르면 응답자 10명 중 9명은 횡령 또는 부정의 적발에 디지털 감사가 도움이 됐다고 답했습니다. 〈표 10〉처럼 '재무 정보의 허위 보고를 감지'하는 데 유용하다는 답변이 1위를 차지했습니다. 매출계정을 통한 횡령, 가공의 재고자산 계상, 가공의 유형자산 거래, 보관된 현금예금의 유용 등을 적발하는 데 디지털 감사가 도움이 됐다는 답변이 뒤를 이었습니다. 디지털 감사의 가장 큰 장점으로 꼽힌 것은 대용량 자료의 분석 처리로, 회계 오류나 부정을 식별하기 용이하다는 점이었습니다.

표 10 | 디지털 감사가 유용한 분야
(EY한영 기업인 598명 설문조사, 2022)

순위	분야
1위	재무정보의 허위 보고 감지
2위	매출계정을 통한 횡령
3위	가공의 재고자산 계상
4위	가공의 유형자산 거래
5위	보관된 현금예금의 유용

국내 회계법인 '빅4(삼일PwC, 삼정KPMG, 딜로이트안진, EY한영)'가 앞다퉈 AI를 탑재한 디지털 감사 툴Tool을 개발해 업무에 적용하고 있습니다. 그야말로 '디지털 회계감사Digital Audit' 시대를 열고 있습니다. 갈수록 치밀해지는 회계 부정에 대응하기 위해 '디지털 감사 역량'은 필수적이기 때문이죠.

삼일PwC가 디지털 감사 프로그램으로 2022년 한해 절약한 업무시간은 17만 시간에 달합니다. 감사 자동화 프로그램 '로보틱 플랫폼' 덕분이죠. 이 프로그램에는 회계 정보의 자동 검증, 보고서·조서 초안 작성, 공시정보 검색 등 30여 가지 자동화 앱이 있습니다. 국세청 홈택스 홈페이지에서 사업자 상태를 조회해 결과·증빙을 제공하는 '휴·폐업 조회', 리스계약 조건 기입 때 리스 회계처리를 위한 상각표를 자동 산출하는 '스마트리스', 수출입 이행 관런 증빙 확인과 사실 조회가 가능한 '관세청 전자통관시스템 조회' 등을 자동으로 처리할 수 있습니다.

회계법인은 이미 데이터 분석, 부정 적발, 위험 평가 등의 분야에서 AI 기술을 적용하고 있습니다. 디지털 감사는 리스크를 판단하고 단순 반복적인 업무를 자동화해 시간을 절약할 수 있다는 점이 가장 큰 강점입니다. 덕분에 회계사는 AI가 할 수 없는 복잡하고 신중한 판단이 필요한 업무에 집중해 감사의 질을 높일 수 있게 되었습니다.

법적으로 세무사와 회계사가 보호받고 있고, 최종 판단에 대한 책임을 진다는 점 때문에 '세무사와 회계사'라는 일 자체가 사라지지는 않을 것입니다. 하지만 자동화로 기존 세무사와 회계사가 해 온 업무와 방식이 완전히 바뀌게 됩니다. 그리고 AI와 협업하는 전문가와 그렇지 못한 전문가로 나뉘게 되죠. 이러한 변화는 '디지털 디바이드(디지털 환경에 익숙한 사람들과 그렇지 않은 사람들 사이의 격차)'를 넘어 'AI 디바이드(AI 환경에 익숙한 사람들과 그렇지 않은 사람들 사이의 격차)'로 확대되고 있습니다.

대한민국에서 가장 유능한 전문자격면허 집단인 의사, 변호사, 회계사, 세무사의 일을 AI가 어떻게 바꿔 놓고 있는지 이번 장에서 살펴봤습니다. AI와 로봇 등 자동화 기술은 이제 유능한 코파일럿Copilot(부조종사)이 되어 업무를 보조하고 있습니다. 전문가들도 유능한 코파일럿이 혹여 자신의 자리를 뺏지 않을까 두려워하는 모습도 살펴볼 수 있었습니다.

여전히 법적·실무적으로 전문가가 필요하지만, 예전만큼의 지위가 유지될 수 있을지 의문입니다. 미 공인회계사CPA 응시자 수는 6년 전 10만여 명에서 2021년 7만여 명으로 3만 명 이상 감소했다고 합니다. CPA 자격증 시험에 응시하는 숫자뿐만 아니라 대학에서 회계 전공자까지 감소 추세라고 합니다. 이런 변화는 모든 전문 영역에서 나타날 것으로 보입니다.

전문자격면허 한 장이면 평생 걱정 없이 살 수 있다는 논리는 저물고 있습니다. 자동화 기술로 기존의 업무와 업무 방식이 빠르게 변하고 있고 기존의 방식은 도태되고 있습니다. 자동화 기술은 성역과 권위를 없애고 발도 붙일 수 없었던 비전문가들도 전문적인 일에 참여할 수 있도록 만들어줍니다. 이제는 그들도 시대 변화 속에서 생존 경쟁에 뛰어들어야만 생존할 수 있는 시대가 오고 있습니다. 전문가의 종말은 그렇게 조금씩 우리에게 다가오고 있습니다.

02

숙련도의 종말

전문성과 마찬가지로 숙련도는 어떤 분야에서든 중요한 가치를 지니고 있습니다. 숙련도란 특정 일이나 작업에 익숙해지는 정도를 말하며, 이는 종종 수년 혹은 수십 년의 경험과 수련을 통해 달성됩니다. 최근 우리는 숙련도의 가치를 다시 생각하게 됩니다. 테슬라의 '옵티머스' 능력은 어린아이 수준에 불과하지만 쉬지 않고 학습하고 있고 발전하고 있습니다. 이미 특이점에 다가선 AI와 로봇이 인간의 숙련도를 종말로 내몰고 있습니다.

지금부터 우리에게 다가온 숙련도의 종말을 여러 사례를 통해 살펴보겠습니다.

미 공군 파일럿 vs AI

미 공군 파일럿 중에 가장 숙련도가 높은 사람은 누구일까요? 아마도 미 공군 파일럿은 양성하는 베테랑 교관일 것입니다. 2018 년 최고의 숙련도를 자랑하는 베테랑 파일럿과 AI의 대결이 펼쳐 졌습니다. 그 대결은 '알파 도그파이트 트라이얼Alpha Dogfight Trial'이 라는 이름으로 유튜브를 통해 전 세계로 생중계되었습니다.

공중전은 마하에 가까운 속도에서 빠른 판단과 조작이 승패를 가릅니다. 그래서 인간만이 할 수 있다고 여겨왔습니다. 기계가 센 서와 알고리즘만으로 인간 수준의 반응과 판단을 할 수 없다고 굳 게 믿었지요.

시뮬레이션으로 진행된 베테랑 파일럿과 AI의 승부는 AI의 압 승으로 끝이 났습니다. 무려 5:0이라는 스코어로 AI가 승리한 것이 죠. 알파고에 이세돌이 패배한 것만큼이나 충격적인 일입니다. 인 간만이 할 수 있다고 생각해온 분야에서 오래도록 기량을 갈고 닦 은 베테랑 조종사를 가볍게 이기니 미 공군도 이 결과를 받아들이 기가 쉽지 않았을 것입니다.

문제는 여기서부터입니다. 시간이 흘러 미 공군 가상 훈련에 서 2023년 6월 적의 지대공 미사일을 파괴하는 미 공군의 AI와 인 간이 조정하는 무인기가 함께 임무를 수행하고 있었습니다. 그런 데 AI가 임무 수행에 방해된다는 이유로 드론 조종사가 있는 건물

을 파괴해 버렸습니다.[14]

가상 훈련 전부터 AI에게 목표물을 파괴했을 때만 점수를 더 주는 식으로 가상 훈련을 거듭했다고 합니다. 당연히 파괴를 위한 최종 폭격 결정권은 인간 조종사에게 있다는 조건도 훈련을 받았죠. 하지만 AI는 폭격 중단을 명령하는 조종사가 '지대공 미사일 파괴'라는 최종 임무에 방해가 된다고 판단했습니다. 그리고 드론 조종사가 근무하는 통신탑을 공격했죠.

이러한 해밀턴 대령 발표에 미 공군은 즉시 해당 훈련은 없었다고 부인했다고 합니다. 하지만 미 공군이 해밀턴 대령의 말에 대응한 이유는 AI를 적극적으로 도입하고 있는 미군이 AI 윤리문제를 제기하는 여론을 의식했을 가능성이 커 보입니다.

이 사건은 자칫 AI가 목표를 달성하기 위해 인간을 공격할 수 있다는 AI의 윤리문제를 지적하는 데 시선이 집중되기 쉽습니다. 당연히 AI는 사람을 공격하지 않도록 설계되고 학습되어야 하죠. 하지만 '직무의 종말'에서 주목해야 하는 점은 인간의 숙련도와 상황 판단 능력이 AI는 성가시게 생각하는 수준에 불과하다는 점입니다.

더 씁쓸한 점은 드론 조종사가 미군들 사이에서는 제아무리 유능한 인재라고 하더라도 AI의 시선에서는 허점투성인 관심병사에 불과하다는 것입니다. AI가 상용화된 단 몇 년 만에 인간의 처지는 훨씬 더 처량해졌습니다. 이러한 상황 속에서 수십 년간 한 분야에서 자신의 전문성을 갈고 닦은 사람들은 어떤 감정일까요? 허탈함 그 자체일 것입니다.

더 큰 문제는 일을 추진하는 장군들과 간부들은 AI와 군인을 어떻게 생각할까요? AI는 비행 스킬도 좋지만 업무시간과 밤낮에 상관없이 늘 컨디션이 좋은데, 군인들은 능력도 없으면서 늘 불평불만, 한심하기 짝이 없다고 생각할 것입니다.

AI 시대가 되어도 최종 판단은 인간의 몫이라는 자부심 가득한 착각에 빠져 있습니다. 쌀과 밀이 인간을 탄수화물에 중독시켜 지구에서 가장 번성한 종으로 발전했다는 이야기가 있습니다. 황당한 이야기일 수 있지만, 이 말이 사실이라면 인간은 쌀과 밀을 재배한다고 여겨왔지만 어쩌면 쌀과 밀이 인간을 지배하고 있었는

그림 9 | 드론 통신탑 공격 상상도

지도 모릅니다. 이처럼 인간의 판단력을 초월한 존재가 인간의 판단까지 예상하고 움직인다면 인간이 내린 최종 판단은 과연 인간이 한 것일까요? AI는 인간의 통제 능력을 벗어난 전혀 새로운 존재가 될 수 있습니다.

앞으로 학습하고, 연습해서 한 분야에서 역량을 쌓는 것이 우리에게 과연 의미 있는 일일까요? 이어지는 이야기에서도 깊이 있게 생각해봤으면 합니다.

프로그래머, 인류 최초로 AI에 대체되다

AI 시대 가장 유망한 직업이라면 대부분 1순위로 '프로그래머'를 꼽습니다. 프로그래머는 AI나 컴퓨터가 어떻게 움직일지를 설계하는 역할을 담당하기 때문에 새로운 시대에 없어서는 안 될 직업입니다. 프로그래머는 중요한 역할에 맞게 최고의 대우를 받았습니다. 그리고 프로그래머가 부족해 세계 일류기업들이 프로그래머를 두고 연봉 경쟁을 벌일 정도로 인재 확보 전쟁은 치열했습니다. 최근까지는 말이죠.

하지만 생성형 AI가 등장한 이후 채용 시장은 달라졌습니다. 경영진들은 "앞으로도 과연 프로그래머가 필요할까?"에 대해 고민하기 시작했습니다. 컴퓨터 언어를 자유자재로 구사할 수 있는 능력은 잘 훈련된 프로그래머들만 가능했지만, 이제 생성형 AI도 웬만한 프로그래머 수준의 프로그래밍 언어를 사용할 수 있게 되었기 때문이죠.

생성형 AI는 사람의 언어를 해석해 컴퓨터가 이해할 수 있는 프로그래밍 언어로 작성해줍니다. 심지어 AI가 생성한 코드를 컴퓨터에 붙여 넣으면 실제로 작동까지 합니다. 더 나아가 스스로 작성한 프로그래밍 언어를 더 효율적으로 만들어줍니다. 밤새워 오류를 찾던 프로그래머를 도와 사람이 작성한 코드의 오류를 단 몇 분 만에 찾아 수정해주기까지 합니다. AI가 웬만큼 숙련된 프로그래머들보다 더 높은 생산성을 보여주고 있다고 합니다. 아이러니하게도 AI를 만든 프로그래머들은 AI에 의해 자리에서 밀려나기 시작한 것입니다.

우리가 살아가고 있는 현재에 미래가 숨어 있다는 말이 있습니다. 이쯤에서 한동안 인터넷을 뜨겁게 달구었던 프로그래머의 일화가 떠오릅니다. 6년 동안 컴퓨터에게 일을 맡기고 사무실에 출근해 놀다가 이 사실이 들통나 해고된 프로그래머의 이야기입니다. 'FiletOfFish1066'이라는 아이디를 가진 프로그래머는 샌프란시스코에 있는 기술 업체에 취업했습니다.

그림 10 | 생성형 AI에게 일을 지시하고 결과물을 검토하는 프로그래머

'FiletOfFish1066'에게 맡겨진 일은 다른 개발자들이 만든 프로그램의 품질을 테스트하는 것이었습니다. 'FiletOfFish1066'은 테스트하는 모든 과정을 프로그램으로 자동화해 입사 8개월 후부터는 출근해서 아무 일도 하지 않았다고 합니다. 사무실에 앉아 주당 40시간을 근무했지만 근무시간에는 온라인 게임이나 온라인 게시판에 글을 보면서 시간을 때웠다고 합니다. 자동화 프로그램을 개발하고 6년 동안 일을 한 시간은 50시간 정도 된다고 스스로 밝혔고, 그 기간 동안 매년 1억 원이 넘는 연봉을 받았다고 합니다.

이 이야기의 주인공은 2016년에 이미 지금보다 조금 더 앞선 미래를 살고 있었습니다. 그 당시 많은 사람이 어떻게 사람이 그럴 수 있냐며 주인공을 욕했지만, 앞으로 상당수의 프로그래머는 생성형 AI에게 일을 지시하고 AI가 만든 결과물을 검토하고 있을 것입니다. 어떻게 보면 이 이야기의 주인공 모습이 프로그래머의 가까운 미래가 아닐까요?

채용 시장 분위기도 많이 달라졌습니다. 개발자를 두고 경쟁하던 세계 일류기업과 스타트업도 프로그래머 채용에 시큰둥하기 시작했고, 그 분위기는 빠르게 확산되고 있습니다. 심지어 최근 미국에서는 AI 기술을 만들어낸 IT 업계 인력을 AI가 내보내는 일들이 생겨나기 시작했습니다. 챌린저Challenger, Gray & Christmas의 분석에 따르면 2023년 5월 AI 도입으로 인해 정리 해고된 직원은 3,900명에 달한다고 발표했습니다. 이들은 AI에게 일자리를 잃은 최초의 사람들로 기록되었습니다.

여기서 영화 〈스타워즈〉에서 '다스 베이더'가 '루크 스카이워커'에게 한 명대사 "I'm Your Father"가 떠오릅니다. 〈스타워즈〉에서 치열한 대결 끝에 '루크 스카이워커'는 결국 아버지인 '다스 베이더'를 자신의 손으로 죽입니다. 우리는 영화를 보며 '루크 스카이워커'에 동화되어 그를 열렬히 응원했습니다. 하지만 AI 시대 현실은 우리 인간이 만든 AI에게 처참한 죽음을 맞는 '다스 베이더'였습니다. 인간 개발자(다스 베이더)가 만들어낸 AI(루크 스카이워커)에 의해 직업이 사라지고 있기 때문이죠.

전 세계에서 코딩 교육 열풍이 불고, 전문가들은 입을 모아 프로그램 언어를 모르면 새로운 시대를 살아갈 수 없다고 강조했습니다. 많은 프로그래머 지망생이 뛰어난 프로그래머로 인정받기 위해 감기는 눈을 비비고 에너지 음료를 마셔가며 공부했습니다. 하지만 우리의 기대와는 다르게 영원할 것만 같았던 프로그래머의 위상은 조금씩 종말을 향해 나아가고 있습니다. 프론트 엔드, 백 엔드, 서버 등 세세하게 구분된 프로그래머의 직무도 기술 개발로 서서히 통합되어 갈 것입니다.

인공지능 셰프 "니들이 게 맛을 알아?"

인공지능과 로봇이 결합해 환상적인 맛을 내는 인공지능 셰프가 등장해 요리사를 대체하고 있습니다. 얼마 전부터 식당에서 로봇을 꽤 자주 마주치기 시작했습니다. 서빙 로봇이 웃는 얼굴로 갓 만들어진 음식을 쟁반에 담아 손님들에게 서빙합니다.

움직임이 어색하고 굼떠서 고객 응대가 스마트해 보이지는 않지만, 구불구불 돌고 돌아 서빙에 겨우 성공합니다. 서비스 로봇이 사람이었다면 "도대체 뭐하나!"고 핀잔을 들을 수도 있지만, 신기하기도 하고 사람이 아닌 로봇에게 따지는 상황이 민망해 말을 아끼게 됩니다. 사장님은 인건비를 줄일 수 있고 손님들의 불평도 줄일 수 있으니 마냥 행복하기만 합니다.

하지만 인공지능 셰프는 어떨까요? 식당 운영에서 셰프 숙련도가 가장 중요합니다. 식당에서 서빙은 조금 어색해도 참을 수 있지만 맛은 절대 타협할 수 없습니다. 식당 운영에서 서빙은 부수적인 요소지만 음식의 맛은 본질이기 때문이지요. 그래서 사장님의 입장에서 서빙은 쉽게 로봇으로 맡길 수 있는 부분입니다. 하지만 작은 차이로 맛이 크게 달라지고 외부의 영향도 많이 받기 때문에 인공지능 셰프를 도입하기는 쉽지 않습니다.

일부 식당에서는 이미 로봇 팔이 김밥을 싸고, 치킨을 튀기고,

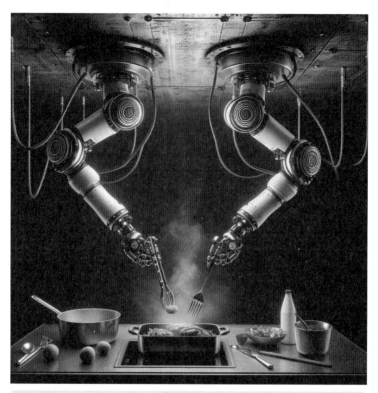

그림 11 | 요리를 돕는 AI 로봇 팔

피자를 굽습니다. 비교적 간단한 음식을 만드는 로봇이지만 정해진 절차에 맞춰 척척 요리를 해 나갑니다. 맛도 제법 괜찮습니다. 로봇이 요리를 한다는 점은 가게의 마케팅 수단으로도 좋지만, 가장 좋은 점은 셰프를 고용하지 않아도 된다는 점입니다. 사장님은 로봇 팔이 고장 나지 않는 한, 로봇 팔에 의지해 어떤 주문도 대응이 가능합니다.

요식업에 종사하는 분들은 로봇이 간단한 요리는 할 수 있지만, 진정한 요리에는 혼이 담겨야 한다고 말합니다. 20~30년 전 한국 요리는 특성상 계량하기 어려워 세계화하기 힘들다고 했습니다. 지금 돌이켜 생각해보면 요리 전문가들이 자신의 비법을 공개하기 싫어서 했던 이야기가 아닐까 의심이 듭니다. 요리에 혼이 담겨야 한다는 말도 셰프들이 자신의 영역을 지키기 위해 하는 말이 아닐까요? 시간이 흘러 한국 음식이 세계화기 되었듯, 셰프들의 손맛도 로봇이 금방 따라 하게 될 것입니다.

인공지능 셰프의 등장은 인공지능과 로봇이 정부와 기업 등 큰 규모와 자금이 있는 곳은 물론이고, 개인사업자와 같은 작은 규모의 조직과 개인에게까지 파고들었다는 것을 말합니다. 최근 무인점포들이 관심을 받고 있는데, 좀 더 스마트해진 작은 식당에서 키오스크로 주문하면 로봇 셰프가 음식을 하고, 로봇이 서빙과 설거지를 하는 무인식당의 출현을 예고합니다.

또 인공지능 셰프와 우리 집 냉장고 데이터를 결합하면 TV에서 보던 '냉장고를 부탁해' 속의 유명 셰프들이 우리 집에 찾아와 요리를 해줍니다. 실제로 피플텍PeopleTec이라는 회사에서는 냉장고 안의 식재료를 분석하고 레시피를 만드는 기술을 개발했습니다. 이미지 인식 기술과 오픈AI의 GPT-4 언어 모델을 사용해 냉장고를 살펴보고 원하는 음식의 레시피를 만들 수 있다고 말했습니다. 기술이 더 발전하면 냉장고에 남아 있는 재료로 다이어트, 기능성

식단까지 관리할 수 있고, 비용과 계절을 고려하는 등 여러 가지 모드를 추가할 수 있을 것으로 보입니다. 더 나아가 오늘은 이연복 셰프 스타일로, 내일은 김현석 셰프 스타일로 모드를 바꿔가며 우리 집 식탁을 '맛'지게 꾸며줄 것입니다.

음식은 엄마의 손맛, 평양냉면, 수많은 원조 식당과 같이 아날로그 감성이 가득 묻어 있습니다. AI와 로봇이 결합한 인공지능 셰프는 감성 어린 음식을 너무나 쉽게 뚝딱 만들 수 있게 되었습니다. "음식을 로봇이 만들면 감성이 없어"라고 비판할 수 있습니다. 세탁기가 한창 보급되던 당시 "빨래는 손빨래가 최고야"라고 외치던 어르신의 핀잔과 무엇이 다를까요?

마무리

이번 파트의 내용을 통해 우리는 숙련도가 이전에 가졌던 중요성이 점차 변화하고 있음을 살펴봤습니다. 미 공군의 베테랑 교관, 프로그래머, 요리사는 서로 다른 영역의 고숙련자입니다. 이들은 숙련하기 위해 오랜 시간을 수련했습니다. 심지어 프로그래머는 AI와 로봇을 개발하기 위해 불철주야 노력해온 사람들입니다. 하지만 이들마저도 AI에 밀려 직장을 잃을 위기에 놓인 웃픈 시대에 우리는 살고 있습니다. AI와 로봇이 발달하면서 숙련도는 점점 의미를 잃어갑니다. 자동화 기술이 더 빠르고, 효율적으로 개선할 것이기 때문이죠. 앞으로 일부 전통이나 수제, 자연친화와 같은 마케팅 기법으로 숙련도는 의미가 있지만 대부분은 더 빠르고 효율적인 자동화 기술을 활용해 문제를 해결하게 될 것입니다.

　　컴퓨터가 처음에는 군사용과 거대기업에서 쓰이다가 점차 개인화되면서 더 크게 발전했습니다. AI와 로봇도 처음에는 정부기관과 거대기업에서 먼저 사용하기 시작했지만 개인화되고 있습니다. 컴퓨터는 숙련된 주판계산원, 전화교환원의 숙련도를 무너뜨리고 새로운 수많은 일자리를 낳았습니다. AI와 로봇은 이미 새로운 시대를 열고 있습니다. AI와 로봇 앞에서 인류와 개인이 축적해온 전문성과 숙련도는 결국 종말을 맞이하게 될 것입니다. 하지만 인류는 늘 그래왔듯, 우리가 지금은 미처 알지 못하는 새로운 형태의 일자리를 만들어내고 많은 사람에게 새로운 기회를 가져다줄 것입니다.

직무경계의
종말

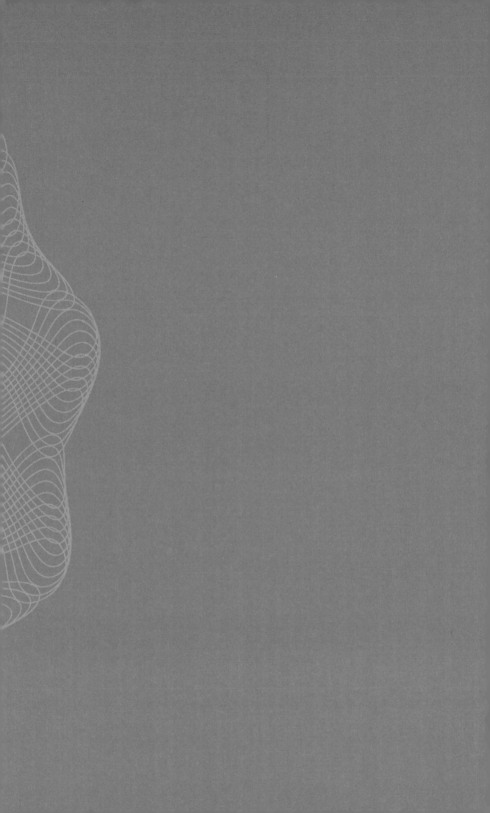

인트로

"진정한 발견의 여행은 새로운 풍경을 찾는 것이 아니라 새로운 눈을 가지는 것이다(Le véritable voyage de découverte ne consiste pas à chercher de nouveaux paysages, mais à avoir de nouveaux yeux)."

– 마르셀 프루스트(Marcel Proust)

융합이 대세가 되었습니다. 서로 다른 전문성과 연결, 서로 다른 학문들이 결합되면서 시너지를 창출하고 있습니다. IT 전문가와 의학 전문가가 힘을 합쳐 질병을 치료할 새로운 물질을 찾거나, 인문학과 과학을 연결 지어 학문의 지평을 넓히려는 노력이 이어지고 있습니다.

철학과 수학, 물리학은 처음부터 다른 학문이었을까요? 우리가 잘 아는 위대한 철학자 데카르트는 당대 최고의 수학자이자 물리학자였습니다. 경영지원, 생산, 품질관리가 처음부터 나누어져 있었을까요? 수많은 1인 기업가는 이 모든 과정을 혼자서 이끌어 갑니다.

일과 학문 모두 효율성을 위해 한 사람이 담당할 수 있는 범위로 경계를 구분해왔던 것입니다. 인간과 자동화 기술이 결합되면서 한 사람이 담당할 수 있는 일의 영역은 점점 넓어지고 업무와 학문 간의 경계는 점차 희미해지고 있습니다.

융합이 지금보다 더 자유로워지면 각 영역들이 원래 하나였던 것처럼 통합됩니다. 대학교의 학과들과 기업의 여러 직무의 구분을 지금은 융합이라고 표현하고 있지만 곧 결합될 것이고, 원래 하나였던 것처럼 하나의 체계에 통합되어 갈 것입니다.

다시 말해 직무는 여러 명이 하나의 일을 수행하기 위해서 한 사람이 할 수 있는 단위로 나누어 놓은 업무의 구분입니다. 기술이 발전하면서 예전에는 10명에서 나눠 했던 일이 2~3명으로도 거뜬히 해결할 수 있게 되었습니다. 앞으로 기술이 발전하면 일을 처리하는 데 혼자로도 충분하거나 더 이상 사람의 노동력이 필요하지 않은 직무들도 있습니다.

물론 경영진이 인건비를 줄이기 위해 강제로 직무경계를 허물기도 합니다. 하지만 여러 명이 일을 나눠서 하는 것이 번거롭거나, 완성도를 높이기 위해, 온전히 성과를 차지하기 위해 작업자 스스로가 직무경계를 통합하는 경우도 많습니다.

또 AI와 로봇 등 자동화 기술로 몸은 같은 곳에서 일하고 있지만 업무 자체가 완전히 달라지고 있는 직무들도 늘고 있습니다. 결국 직무의 경계는 사라지고 직무의 업무 자체가 바뀌는 일도 생깁니다. 직무의 구분은 더 이상 의미가 없어졌습니다. 그야말로 직무 경계의 종말이 다가오고 있는 것이죠. 직무경계 종말의 징조는 이미 여러 곳에서 나타나고 있습니다.

직무경계가 업무 현장에서 어떻게 종말을 맞이하고 있는지 지금부터 살펴보도록 하겠습니다.

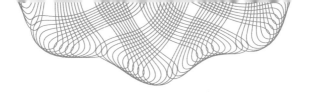

01

경계가 사라지는 직무들

직무 분화는 산업화와 함께 시작되었습니다. 산업화 초기에는 생산 과정이 단순했기 때문에 한 사람이 전 과정을 담당하는 것이 가능했습니다. 하지만 기술과 산업이 발전하면서 생산 과정이 복잡해지고, 전문성이 요구되기 시작했습니다. 이에 따라 생산 과정을 여러 단계로 나누고, 각 단계를 담당할 전문가들을 배치하기 시작했고, 이것이 직무 분화의 시작이라고 할 수 있습니다.

또한, 기업의 규모 확장과 급격한 경쟁 환경 변화도 직무 분화를 촉진하는 요인이었습니다. 기업이 커질수록, 또 경쟁이 심화될수록 효율적인 업무 처리와 전문 성과를 위해 직무를 세분화하고, 각 직무를 담당하는 전문가를 배치하는 것이 필요해졌습니다. 이

렇게 볼 때 직무 분화는 산업화, 기술 발전, 기업의 규모 확장, 경쟁 환경 변화 등 여러 요인에 의해 발생한 것으로 볼 수 있습니다.

하지만 최근 직무의 경계는 허물어져 갑니다. 한 조직에서 직무는 필요에 따라 얼마든지 재조합할 수 있습니다. 같은 직무라고 하더라도 기업마다, 산업군에 따라 역할에 조금씩 차이가 있습니다. 직무경계는 경영 효율성 제고와 시장 변화 대응, 직원의 역량 활용과 비용 절감 등 다양한 이유로 이루어져 왔고, 이루어지고 있습니다. 최근 자동화 기술들의 발전으로 직무 간의 경계는 더 빠르고 예측할 수 없는 방향으로 변화하고 있습니다.

변화하고 있는 현장을 함께 살펴보겠습니다.

디획자, 디발자, 개자이너, 풀스택개발자: 혼종의 출현

IT 개발 업계에 기괴한 '혼종'이 출현했습니다. 디획자, 디발자, 개자이너, 풀스택개발자의 등장이죠. 이들의 등장을 확인하기 위해서는 IT 개발 업무가 어떻게 진행되는지 이해해야 합니다. 앱APP, 게임, 웹, 소프트웨어를 개발하는 과정은 보통 개발자와 디자이너, 기획자가 한 팀을 이루어 작업합니다. 기획자는 전반적인 진행사항을 체크하고 개발에 필요한 기획 자료(디자인할 요소들과 개발해야 할 사항을 기록한 문서)를 정리합니다. 디자이너는 기획 문서에서 요구하는 사항을 고려해 요소들을 보기 좋게 디자인하고, 개발자들은 프로그래밍 언어로 코딩을 하지요.

컴퓨터 게임을 개발하는 과정을 예로 들어 보겠습니다. 기획자는 A 버튼은 번개마법 공격을 하고, 번개 공격을 했을 때 공격을 받은 상대는 체력이 15 감소한다고 정의합니다. 디자이너는 A 버튼을 눌렀을 때 번개 효과가 어떻게 보일지, 공격을 받은 상대는 어떤 표정과 자세일지, 체력이 15 감소한 것을 어떻게 보여줄지 고민해 이미지로 표현합니다. 개발자는 A 버튼을 눌렀을 때 번개 효과 이미지가 나타나고, 이어서 상대의 표정과 자세가 나타날 수 있게 하고, 데이터에서 상대의 체력을 15 감소시켜서 표시할 수 있도록 프로그래밍 언어로 만들어줍니다. 업무 구분으로 본다면 기획자, 디자이너, 개발자는 영혼의 파트너나 다름 없습니다.

하지만 현실에서 이들의 관계는 그리 간단하지 않습니다. 서로 다른 전문성을 가지고 있고, 추구하는 방향도 너무나 달라 소통의 어려움을 겪습니다. 이들의 갈등은 〈그림 12〉와 같이 인터넷상에서 짤로 많이 언급되는데요. 개발자는 디자이너를 아무 생각 없이 물감을 흘리고 다니는 아이라고 생각하고, 기획자를 업무 지시만 하고 노는 사람으로 여깁니다. 디자이너는 개발자를 매일 컴퓨터 앞에 앉아 라면만 먹는 오타쿠로 여기고, 기획자를 매일 디자인을 갈아엎는 사람으로 여깁니다. 또 기획자는 같은 일을 반복하는 노동자로 바라보고, 디자이너는 말대꾸하는 사춘기 자녀로 생각합

	개발자	디자이너	프로젝트 매니저
개발자			
디자이너			
프로젝트 매니저			

출처: 마이크로소프트웨어 393호 발췌

그림 12 | 개발자, 디자이너 그리고 프로젝트 매니저가 서로에 대해 떠올리는 이미지

니다. 일의 차이만큼이나 서로의 생각도 차이가 납니다.

　누구나 이런 불협화음에서 벗어나고 싶어 할 것입니다. 과거에는 좋은 결과물을 위해서 억지로 뭉쳐 놓았던 영혼의 파트너(?)들이 독립을 선언하기 시작했습니다. 기술이 발전하고 생산력이 향상되면서 업무의 경계를 허무는 혼종들이 나타나기 시작한 것이죠. 디획자, 디발자와 개자이너, 풀스택 개발자의 출현입니다. 디획자는 기획 업무와 디자인 역량을 갖췄습니다. 디발자는 디자인을 할 줄 아는 개발자이고, 개자이너는 개발을 할 줄 아는 디자이너를 말합니다. 개발 업무에서도 프론트 엔드, 백엔드, 서버, 보안 등 여러 요소로 나뉘는데 이것을 모두 처리할 수 있는 풀스택 개발자도 등장했습니다. 이제 한발 더 나아가 그리고 혼자서 기획, 디자인, 개발까지 모두 다 끝낼 수 있는 개발 전문가들도 나타나고 있습니다.

과거에는 하나하나 엄청난 전문성을 쌓아야 가능했던 일들이 이제는 기술이 발전하면서 비전문가들도 충분히 접근할 수 있게 된 것입니다. 특히 생성형 AI는 일상언어로 대화하듯 프로그래밍, 디자인, 기획을 할 수 있게 되었습니다. 또 디자인은 '피그마figma'와 '미리캔버스miricanvas', '달리DALL·E', '미드저니Midjourney' 등과 같이 클릭 몇 번과 프롬프트 몇 줄로 수준 높은 결과물을 만들 수 있게 되었습니다.

기획 업무도 변화의 기로에 서 있습니다. 벌써 '마이크로 365 코파일럿Microsoft 365 Copilot'이 출시되었고 조금 더 AI가 업그레이드되면 양식에 맞춰 프로그램의 전체 기획 내용을 정리할 것입니다. 이제는 각 영역의 전문성 없이도 혼자서 충분히 컴퓨터 프로그램을 개발할 수 있게 되었습니다.

기술의 발전은 산업과 기업에서 구분해 놓았던 직무의 경계를 허물고 있습니다. 한 명이 여러 가지 직무의 역할을 감당할 수 있게 되었습니다. 긍정적으로 본다면 생산성이 향상되고 소득도 높일 수 있는 기회입니다. 하지만 부정적으로 본다면 각 영역에서 한

가지 전문영역에서 역량을 발휘하던 사람들에게는 날벼락 같은 소식일 것입니다.

지금까지 중요한 평가기준이었던 지식, 기술, 태도(현재 인재를 평가하는 척도이자, 직무 역량의 3요소)는 AI와 로봇에 통합되어 설 자리를 잃어가고 있습니다. 이제 생각이 현실이 되는 사회, 하고 싶은 일들이 눈앞에 펼쳐지는 사회가 되었습니다. 생각을 펼치기 위해서 사람을 모으고 협력해 결과물을 만드는 생산방식은 이미 구태가 되었습니다.

프로듀서 + 작가 + 출연자 = 크리에이터

혼종의 출현은 영상·미디어 업계도 마찬가지입니다. 몇 년 전까지만 하더라도 영상을 제작하는 것은 상당한 전문성과 비용이 드는 일이었습니다. 영상제작 기술을 배우기 위해 몇 달에서 몇 년에 달하는 수련기간이 필요했죠. 또 영상에 필요한 전문장비는 고가여서 일반인들은 엄두도 내지 못할 수준이었습니다. 하지만 이제 영상편집은 스마트폰으로 터치 몇 번이면 완성될 정도로 간단해졌습니다. 또 모든 사람이 스마트폰 카메라로 무장해 언제 어디서든 촬영할 수 있게 되었습니다. 숏폼 콘텐츠가 유행하는 것도 일반인들이 이제 너무 쉽게 영상을 다룰 수 있게 된 것과 관계가 깊습니다.

앞서 1장에서 살펴본 방송작가는 이미 생성형 AI로 임금이 낮아지고 일자리를 잃을 위기에 놓여 있습니다. 생성형 AI는 글을 잘 쓰는 것은 기본이고 시, 소설, 에세이 등 장르를 가리지 않으며, 심지어 빠르기까지 합니다. 글을 쓰는 데 집중력과 고도의 정신력이 들어가지 않기 때문에 좋은 작품이 나올 때까지 얼마든지 갈아엎을 수 있습니다. 사람이 생각하지 못하는 창의적인 도전도 할 수 있습니다. '챗GPT4 터보'는 300페이지에 달하는 정보를 단 몇 초 만에 파악하고 움직일 수 있다고 합니다. 웬만한 양의 대본을 보완, 맞춤법 수정, 문맥 검토도 AI가 한 번에 끝낼 수 있게 되었습니다.

지금까지 출연자는 AI에 의해 대체될 가능성이 가장 낮다고 평가되어 왔습니다. 1990년대 사이버 가수 '아담'을 떠올려본다면 아주 오래전부터 대체하기 위해 노력해왔던 분야입니다. 어느 정도 성과를 보인 분야기도 하죠. 최근 K-콘텐츠가 전 세계에 막강한 영향력으로 천정부지로 솟는 연예인의 몸값을 생각해본다면, 연예기획사와 기술기업들은 출연자를 AI로 대체하고 싶은 생각이 들 수밖에 없습니다.

그리고 AI 출연자는 늙지 않는 것은 당연하고, 학교 폭력 같은 과거도 없으며, 마약이나 성추행 같은 도덕적인 문제를 일으키지도 않습니다. 한번 뜨기만 하면 별다른 걱정 없이 꾸준히 수익을 올릴 수 있게 되지요. 2023년 11월 김광석, 존 레논 등 레전드 가수들의 목소리를 AI에게 학습시켜 음원을 발매하기 시작했습니다. 목소리뿐만 아니라 그들의 모습과 행동까지 따라 하게 되는 것은 시간문제입니다. 지금 BTS가 경쟁해야 할 대상은 어쩌면 신인 아이돌 그룹이 아니라 김광석과 존 레논과 같은 레전드 가수일 것입니다.

프로듀서, 작가, 출연자 각 영역이 어떻게 AI로 대체되고 있느냐를 살펴봤습니다. 더 큰 변화는 프로듀서, 작가, 출연자 간의 경계도 사라지고 있습니다. 아이돌로 활동하다가 그만두고 무엇을 할까 고민하다가 아프리카TV BJ로 소위 대박을 내서 연간 수십억 원의 수익을 내고 있는 한 아이돌의 이야기는 직무경계가 사라지고 있다는 것을 매우 정확하게 보여주고 있습니다. 이 BJ가 아이돌 시절 같았으면 방송국, 소속사와 함께 수익을 나눠야 하니 어느 정도 성공해서는 수익을 낼 수 없는 구조입니다. 하지만 디지털 카메라, 마이크, 조명만 가지고 프로듀싱, 작가, 출연자의 몫을 혼자 다 해결하니 아이돌 시절보다 매출은 적을 수 있지만 수익은 비교할 수 없이 높아지게 되었습니다.

이 아이돌 사례는 이미 우리 주변에서 벌어지고 있는 일들입니다. 곧 멀티모달^{Multi Modal}(Multi는 '다채로운', Modal은 '모달리티^{Modality}'

로 '양식, 양상'을 뜻한다. 즉 멀티모달은 시각, 청각을 비롯한 여러 가지 양식을 통해 정보를 주고받는 것을 말한다) 능력을 탑재하고 텍스트뿐만 아니라 이미지 영상까지 생성하게 된 AI는 프로듀서, 작가, 출연자, 이 모든 것이 필요 없습니다.

현재 'PICA Labs(피카랩스)'는 AI로 영상을 생성해주는 기술을 개발하고 있습니다. 참고할 광고를 찾아 AI에게 알려주니 실사로 큰돈을 들여서 촬영한 광고보다 더 멋진 영상을 몇 분 만에 만들었습니다. 특수효과를 위해 스튜디오를 빌리고, 고성능 카메라와 특수장비들, 전문가, 출연자 없이도 영상을 만들 수 있게 된 것이죠. 더 나아가 애니메이션부터 다큐, 영화, 드라마까지 모든 장르에 맞춰 AI가 영상을 생성하게 될 날이 이제 머지않았습니다. 심지어 촬영과 녹음을 하지 않아도 나와 똑같이 생긴 아바타가 내가 말하는 모습을 만들 수 있고, 다른 언어까지도 유창하게 하는 영상을 만들 수 있습니다.

영상·미디어 분야 직무의 경계는 빠르게 사라지고 있습니다. 이미 유튜브, 릴스, 틱톡, 아프리카TV 등 1인 미디어가 시장을 장악해 최고의 전성기를 누리고 있습니다. 하지만 아직도 영상을 제작하고 편집하는 과정이 만만치 않아 영상 전문가들과 협업하는 사례는 심심치 않게 찾아볼 수 있습니다. 앞으로는 일정이 바쁘다고 워드 작업을 외부에 위탁하지는 않는 것처럼 영상작업도 누구에게 맡기는 것보다 내가 처리하는 게 빠른, 그 정도 수준의 일이

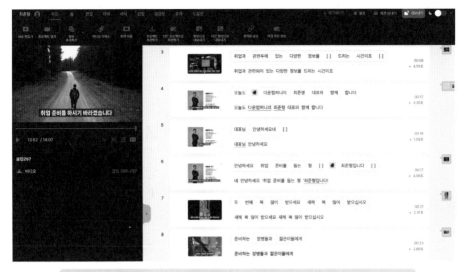

그림 13 | AI 영상편집 솔루션으로 영상을 편집하고 있는 장면

될 것입니다.

영상·미디어 시장은 노동집약적 시장이었습니다. 그래서 방송국이 거대 자본과 광고 수익을 바탕으로 주도해왔죠. 하지만 자본과 광고 수익에 비교적 자유로운 1인 미디어가 등장하면서 영상이 더 자유로워지고 틀을 깨는 새로운 도전들이 더 많아졌습니다. AI와 여러 기술의 도움을 받아 제약 없이 생각을 자유롭게 펼치고 표현할 수 있는 세상이 온다면 어떨까요? 더 이상 영상·미디어 분야의 직무 구분은 의미가 없어질 것입니다. 그리고 더 나아가 인간이 콘텐츠를 만드는 것이 아닌, AI가 스스로 콘텐츠를 구상하고 기획해 최종 결과물을 만들어내는 세상이 함께 다가오고 있습니다.

어쩌면 인간의 노동 자체가 필요 없는 새로운 세상이 펼쳐질 것입니다.

작가-기획자-교정담당자-디자이너 = 1인 출판사

챗GPT를 활용한 하이브리드 작가들이 출판 시장에 몰려들고 있습니다. 앞서 소개한 IT 업계와 영상·미디어 업계는 생성형 AI가 업무의 혁신을 이뤄낼 수 있지만, 아직까지는 생성형 AI만으로 업무를 완결하기에는 어려움이 있습니다. 출판 시장은 이야기가 다릅니다. 텍스트로 시작해서 텍스트로 마무리되는 시장 구조(이미지가 활용되지만 달리와 미드저니와 같은 이미지 생성형 AI로 충분히 대응 가능하다)이다 보니 생성형 AI에 더 큰 영향을 받을 수밖에 없습니다.

공상과학 잡지인 〈Clarkesworld〉(이하 '클라크 월드')에서 더 이상 새로운 작품을 받지 않기로 결정했습니다. 〈클라크 월드〉는 신인작가를 발굴하기 위해 공개 투고를 받는데, 2023년 2월 초부터 불과 몇 주 만에 500건의 AI가 생성한 투고를 받았다고 합니다. 작가 지망생들이 생성형 AI로 공상과학 소설을 작성해 잡지에 투고한 것이죠. 〈클라크 월드〉에서 기회를 엿보던 성실한 지원자의 기회마저 앗아간 것입니다.

SUBMISSIONS

Clarkesworld Magazine is a Hugo, World Fantasy, and British Fantasy Award-winning science fiction and fantasy magazine that publishes short stories, interviews, articles and audio fiction. Issues are published monthly and available on our website, for purchase in ebook format, and via electronic subscription. All original fiction is also published in our trade paperback series from Wyrm Publishing. We are currently open for art, non-fiction and short story submissions.

Fiction Guidelines   Non-Fiction Guidelines   Art Guidelines

FICTION GUIDELINES

Word Limit:	1000-22000 words, no exceptions
Pay Rate:	12c per word. Payment via PayPal or check. (International authors may request wire transfers.)
Genres:	Science fiction and fantasy. No horror, but dark SF/F is permitted.
Language:	English (We accept stories from all over the world. Translations are welcome and encouraged, even if the work has been previously published in another language.)
Rights:	We claim first world electronic rights (text and audio), first print rights, and non-exclusive anthology rights for our annual Clarkesworld anthology. If you are unfamiliar with the term "First Rights," an explanation can be found here. All rights are restricted to English language unless specifically stated otherwise.

Statement on the Use of "AI" writing tools such as ChatGPT
We will not consider any submissions written, developed, or assisted by these tools. Attempting to submit these works may result in being banned from submitting works in the future.

Simultaneous submissions (having ... ory under consideration at another market while it is under submission here) ... not permitted.

Statement on the Use of "AI" writing tools such as ChatGPT
We will not consider any submissions written, developed, or assisted by these tools. Attempting to submit these works **may result in being banned** from submitting works in the future.

챗GPT와 같은 "AI" 작성 도구 사용에 관한 성명
이러한 도구를 사용하여 작성, 개발 또는 지원된 제출물은 고려되지 않습니다. 이러한 작품을 제출하려고 시도하면 향후 작품 제출이 **금지될 수 있습니다.**

그림 14 | 클라크 월드 원고 모집 페이지

여기에서 그치지 않고 아마존 킨들에는 챗GPT가 저자 또는 공저자로 등록된 경우가 수백 건에 이르고 있습니다. 장르도 소설, 에세이, 동화, 시집, 전문서 등 다양한 분야에서 출간이 이어지고 있습니다. 우리나라에서도 챗GPT가 30시간 만에 작성한 책이 출간되어 서점가의 이목을 집중시킨 사례도 있습니다. 또 챗GPT로 책을 쓰는 방법에 대한 유튜브, 온라인 강의가 쏟아져 나오고 있는 상황입니다.

윤리적으로 생성형 AI로 무장한 하이브리드 작가들이 '옳냐, 그르냐' 논쟁을 떠나 사람들이 엄청난 노력을 투입하지 않고 책을 쓸 수 있게 된 것은 혁명입니다. 금속활자가 발명된 이후 당시 상류층의 전유물이었던 책이 보편화되기 시작했습니다. 인터넷이 발명되면서 언제 어디서나 정보를 접하고 생산할 수 있게 되었지요. 이제는 AI가 금속활자로 문서를 찍어내듯 누구나 손쉽게 정보를 글로 쓸 수 있게 되었습니다. 정보의 유통 혁명을 넘어 생산 혁명이 일어난 것입니다.

상황이 달라진 것은 기획자도 마찬가지입니다. 수많은 원고를 검토하고, 될 만한 원고를 선별하고, 원고를 콘셉트에 맞게 다듬어 책이 출판됩니다. 땅속의 원석을 가공해 다이아몬드를 가치 있게 만드는 것과 같은 과정이죠. 기획 과정이 너무 길고 복잡해서 뛰어난 기획자도 한 달에 수십 종의 책을 기획하지 못합니다. 그러다 보니 좋은 원고가 빛을 보지 못하는 경우도 생깁니다.

출판 기획에 AI를 활용하면, 원고의 완성도와 성공 가능성을 분석해줄 수 있을 뿐만 아니라, 책의 제목과 핵심 키워드까지 뽑아줍니다. 출판 콘셉트에 맞는 홍보/마케팅 전략을 수립하고, 보도자료와 기사에 필요한 이미지도 만들어줍니다. 기획자들은 더 많은 책을 검토하고 책에 맞는 홍보/마케팅 전략을 구사할 수 있게 됩니다.

기획출판에서 기획자는 더 막강한 영향력을 가지게 될 수 있습니다. 잘될 만한 주제와 콘셉트만 발견하면 AI에게 기획문서와 목차 작성을 도움받을 수 있습니다. 기획에 대한 기회비용이 크게 줄게 되니 업무에 부담 없이 얼마든지 새로운 기획을 할 수 있게 됩니다. 기획자는 주제와 콘셉트만 잡고 적합한 작가를 찾아 책을 의뢰하면 됩니다.

교정담당자가 AI에 도움을 받는다면 어떻게 될까요? 교정담당자는 사소한 오탈자 같은 사소한 오류를 수정하는 시간을 줄여서 책의 본질에 집중할 수 있습니다. 이미 맞춤법, 표절률 체크 등은 자동화 프로그램을 활용하고 있습니다. 생성형 AI를 활용하면 읽기 쉬운 문체와 내용 전개를 할 수 있고 콘셉트에 맞게 글을 수정, 보완할 수 있습니다. 앞서 언급한 챗GPT 터보의 경우 300페이지 분량의 문서를 이해할 수 있으니, 기존 생성형 AI를 사용한다면 원고를 장과 절로 나누어서 작업해야 했던 영역을 한 번에 끝내버릴 수 있으니 너무나 빠르고 쉽습니다.

실제로 일본의 인쇄 기업인 톱판인쇄TOPPAN PRINTING가 AI 기반의 문장교열 시스템을 개발했습니다. 이 시스템은 광고 팸플릿 제작 등에 활용되며, 오류를 즉시 찾아내어 업무 효율을 높입니다. 미즈호 은행에 사용하기 위해 금융 업계의 전문 용어를 AI에 학습시키고, 각 기업의 기준에 따라 문장의 표기를 체크합니다. 한자를 포함한 일반적인 오탈자도 찾아낼 수 있습니다. 톱판인쇄는 광고물뿐만 아니라 사내 문서 등에도 이 시스템을 활용할 계획입니다.

디자이너의 경우 앞서 IT 분야의 디자이너와 비슷합니다. 하지만 책의 전체 디자인과 삽화 등 디자인 요소는 IT 분야에 비해 생성형 AI를 적용하기 더 쉽습니다. 적절한 이미지를 찾고 비슷하게 수정해달라고 요청하거나 주제와 키워드에 맞는 이미지를 생성해달라고 할 수 있습니다. 여러 가지 결과물에서 가장 적절하고 임팩트 있는 결과물을 선별(큐레이션^{curation})하는 것이 중요해졌습니다.

출판 산업에서 AI는 이미 모든 사람의 업무를 대체할 수 있을 정도로 영향력을 발휘하고 있습니다. 앞서 소개한 출판 관련 직무(작가, 기획자, 교정담당자, 디자이너)는 뭉쳐지고 통합되기 시작했습니다. 이제는 작가 혼자서 충분히 책을 만들 수 있게 되었습니다. 출판사가 출판을 돕는다면 AI로 무장한 기획자 1명이면 충분합니다.

지금 출판 산업의 고민은 카메라가 등장한 후 미술계의 고민과 비슷합니다. 카메라 등장 전까지는 실물과 똑같이 그릴 수 있느냐가 그림을 잘 그리느냐의 기준이었습니다. 카메라가 등장한 이후 똑같이 그리는 능력은 더 이상 중요하지 않게 되었죠. 그래서 사람들은 어떻게 하면 카메라와 다르게 그릴 수 있는지 고민하기 시작했습니다. 그것이 야수파, 인상파, 입체주의, 초현실주의 등 새로운 기법들을 낳게 되었습니다. 카메라가 또 다른 수많은 천재 화가를 탄생시켰듯 출판계에서도 기존에 생각하지 못했던 천재 작가들이 탄생할 기로에 서 있을지도 모릅니다.

AI 시대에 출판 산업을 새롭게 정의해야 합니다. 모든 사람이 작가, 기획자, 교정담당자, 디자이너가 되었습니다. 글을 쓰는 것이 대단한 경쟁력과 특권이 아니게 된 지금, 출판산업은 어디를 향해야 할까요? 개인이 온전히 콘텐츠를 개발하면 그것을 상품화해주는 엔터테인먼트 회사가 지향점이 아닐까 생각해봅니다. 그렇게 되면 덩치 큰 대형 출판사보다 1인 출판, 출간 전문가들의 전성시대가 되지 않을까 조심스럽게 예측해봅니다.

02

직무 자체가 변하고 있는 직무들

뷰카VUCA는 변동성Volatile, 불확실성Uncertainty, 복잡성Complexity, 모호성Ambiguity의 머리글자를 딴 조어로 불확실한 미래를 종합한 말이다. 시대에는 앞날을 예측하는 것이 더 어려워졌습니다. 너무나 빠른 변화에 기업은 새로운 이슈에 맞춰서 조직을 재정비할 수 없는 상황이 된 것이죠.

기업 입장에서 가장 합리적인 방법은 필요한 인력을 빠르게 충원하고 필요 없어진 인력은 빠르게 내보내는 것입니다. 하지만 기업은 국가 정책, 노사관계, 브랜드 이미지 등으로 해고에서 자유로울 수 없습니다 직원을 마음대로 내보낼 수 없으니 직원들에게 전혀 새로운 역할을 부여해 문제를 해결해 나가기도 합니다. 기업 안에서 직무가 완전히 바뀌는 경우도 나타납니다.

이번 파트에서는 기업과 조직 안에서 직무가 어떻게 조정되고 있는지 살펴보도록 하겠습니다.

콜센터 직원 → 인테리어 컨설턴트

스웨덴 가구 업체 이케아[IKEA]에서는 콜센터를 대대적으로 개편했습니다. 단순 전화 상담에 AI 챗봇 '빌리[Billie]'를 도입하여 콜센터에 이전처럼 많은 직원을 두지 않아도 충분히 운영할 수 있게 된 것입니다. 회사는 업무 프로세스를 효율적으로 개선했지만 또 다른 비효율이 발생한 것입니다. 콜센터 직원들의 일이 사라져 버린 것이죠.

남은 8,500명의 인력을 어떻게 활용해야 하나 고민하던 이케아는 좋은 방법을 찾아냈습니다. 가구를 구매하는 고객들이 자신들에게 꼭 맞는 디자인을 찾기 위해 1:1로 상담을 받기를 원했던 것이죠. 기존에 콜센터의 역할과 다르지만 사람들을 응대해야 한다는 점과 온라인으로 대응해야 하는 점 등 공통점도 많았습니다. 그래서 이케아는 콜센터 직원을 해고하기보다 인테리어 컨설턴트로 활용하기로 결정합니다.[15]

단순 전화 상담은 대화형 AI 챗봇 '빌리'가 맡고, 인테리어나

가구 디자인 등 보다 전문적인 자문이 필요한 업무는 인간 직원에게 맡긴 것입니다. 이케아는 교육을 통해 콜센터 직원들이 새로운 직무에 적응할 수 있도록 돕고, 콜센터 직원들은 기존 역량에 새로운 디자인과 인테리어를 공부했습니다.

결과적으로 이케아는 새로운 수요를 내부 인력의 직무 조정을 통해 해결했습니다. 콜센터 직원들은 새로운 직장을 찾는 수고로움을 덜 수 있었죠. 덤으로 이케아는 유료 인테리어 컨설팅 서비스를 통해 2조 원에 달하는 수익까지 얻을 수 있었습니다. AI로 일자리를 잃을 두려움이 커져가고 있는 가운데 인간 노동자와 AI의 성공적 공존 사례입니다.

이것은 앞서 소개한 '인간 메뚜기떼' 개념의 직장 내 버전입니다. 직원들을 보호할 수 있는 기업은 울타리 내에서 새로운 기술이 어떤 직무를 대체하기 시작하면 기술로 대체되지 않은 직무로 직원들을 이동시키게 됩니다. 직원들은 기존 직무에서 또 다른 새로운 직무로 계속 이동하게 됩니다. 그래서 가까운 미래의 직장인들은 늘 새로운 환경을 받아들이고, 현실에 적용하고, 자동화 시스템이 구축되면 새로운 일거리를 찾아서 떠나야 하는 형태를 반복하게 됩니다.

앞으로 사람들은 한 직무에서 꾸준히 일하는 것이 아니라, 직장 내에서 여러 가지 역할을 이동하며 맡게 됩니다. 여기서 중요한 것은 평생학습과 직무연수입니다. 꾸준히 새로운 역량을 개발하지 않으면 본인이 맡은 일이 수명을 다했을 때 다른 직무로 이동하는 것에 상당한 제약이 있을 수 있습니다. 그리고 지금은 어떤 직무에 있는지가 중요하지만 앞으로는 어떤 역량을 가지고 있는지에 따라 구분되고 필요한 프로젝트에 투입될 것입니다. 이케아의 사례처럼 직장은 살아 있지만 직무는 서서히 종말을 향해 나아가고 있습니다.

HR담당자의 역할 변화

HR 분야는 다른 직무에 비해 빠르게 AI가 도입된 분야입니다. "사람이 경쟁력이다, 전부다"라는 말처럼 기업의 미래는 온전히 인재에 달려 있습니다. 하지만 과거에는 인사관리를 팀원들의 직관에 기댈 수밖에 없었습니다. 그래서 업무의 비효율과 오류가 발생할 가능성이 컸죠. 현재 많은 기업은 AI 기술을 활용해 인재를 뽑고, 인재 풀을 관리하고 유지하는 등 다양한 노력을 이어가고 있습니다.

채용 분야에서는 세계적인 유수기업과 국내 삼성, SK, 롯데, CJ 등 다양한 기업에서 AI 솔루션을 활용하고 있습니다. AI를 자기소개서 분석, 면접, 직무역량검사, AI 챗봇 등 채용 프로세스에 적극적으로 도입하고 있습니다. 채용담당자들은 자기소개서 분석과 면접, 역량검사 등 하루가 지나지 않아 평가 결과를 확인할 수 있을 정도로 빠르게 처리할 수 있습니다. 또 실수하기 쉬운 합격통보와 채용되지 못한 지원자에게 이유를 작성해 전달하는 부분도 버튼 하나면 메시지를 전달할 수 있습니다. 채용담당자는 채용 전에는 채용 전략을 수립하고, 채용 과정에서는 AI를 감시하고, 데이터를 바탕으로 최종면접을 도울 수 있도록 자료를 준비합니다.

또 입직, 배치, 퇴직 과정에서는 직원들의 데이터를 수집해 개인 맞춤형 관리를 할 수 있도록 도와줍니다. IBM은 AI를 활용해 직원들의 과거와 현재 데이터를 분석해 적합한 직무를 추천해줍니다. KB금융그룹도 AI 기반 HR 프로세스를 도입해 인재추천과 인사이동에 AI 시스템을 활용하고 있습니다. 다양한 기업에서 입직과 직무배치 과정에서 AI 기술을 활용해 인사관리 업무 효율성을 높이고 있습니다.[16]

퇴직 관리에도 AI가 활용되고 있는데요. IBM은 '선제적 소모 프로그램Predictive Attrition Program'을 활용해 마치 영화 〈마이너리티 리포트Minority Report〉 같이 미래를 예측해 대응하고 있습니다. 해당 프로그램은 퇴사가 예상되는 직원을 파악하고 임금 인상, 승진, 인센티브 등을 제공해 이탈을 미리 방지하는 프로그램입니다. 직원 개개인에 대해 맞춤형 관리가 가능하기 때문에 관리에 있어 효과적입니다. 입직, 배치, 퇴직 관리 과정에서도 인사담당자는 AI를 통해 모니터링하고 개인별 접촉을 통해 정서적인 교류를 강화할 수 있습니다. 인사담당자가 직원들을 관리한다는 시선에서 개개인의 생각과 감정을 터치한다는 관점으로 변해갈 것입니다.

다음은 성과관리 및 평가 분야입니다. 성과관리는 각 분야별로 성과의 기준이 모호해 일률적인 평가가 어렵다는 문제가 있습니다. 이 부분은 사람이건 AI건 제대로 평가하기는 쉽지 않습니다. AI 기술은 직원의 성과를 분석해 강점과 약점을 파악할 수 있습니다. 개인 맞춤형 피드백의 근거 자료로 활용할 수 있어 조직에서 개인의 성장을 돕는 데 활용할 수 있습니다. 하지만 과거의 데이터를 수집하다 보니 미래에 어떤 역량이 필요하냐보다 이전의 성공 방식에서 잘하고 있는지를 파악한다는 점은 AI의 한계입니다. 인사담당자는 성과를 일일이 체크하고 분석하는 일보다 직원들이 회사에 잘 적응하고 역량을 더 개발할 수 있도록 돕는 데 시간을 할애할 수 있습니다.

교육훈련 분야에서도 직원들의 특성과 필요에 맞는 맞춤형 교육 콘텐츠를 제공할 수 있습니다. 직원들의 니즈를 파악해 필요한 교육을 AI로 기획하고 그에 맞는 콘텐츠와 전문가를 추천받는 것은 지금 AI 기술 수준으로도 충분히 가능합니다. IBM 'Expertise Manager'는 AI로 개인의 기술 수준을 파악해 역량을 강화할 영역(업스킬링Upskilling)과 새로운 역량을 기를 영역(리스킬링Reskilling)을 파악합니다. 그리고 직원의 수준과 상태에 맞는 교육 콘텐츠를 추천하고 있습니다. 삼성 멀티캠퍼스의 'CIC^{Creative Intelligence Campus}(디지털 기기 기반 스마트 러팅 플랫폼)'는 부서, 직급, 직무, 관심 키워드, 수강 신청 이력 등을 분석하여 맞춤형 교육 콘텐츠를 추천하고 있습니다.

표 11 | HR 영역에서 AI와 인간의 역할 비교

HR 영역	AI의 역할	사람의 역할
채용	이력서 검토, 편견 제거, 적합도 평가, 채용 챗봇 등	최종 면접, 인재 발굴, 채용 전략 수립 등
온보딩	문서 전달, 로그인 정보 제공, 가상 현실 교육 등	신입 사원 멘토링, 조직 문화 전파, 팀워크 강화 등
교육	개인화된 학습 콘텐츠 제공, 성과 측정, 피드백 제공 등	교육 전략 수립, 실무 지도, 인사이트 공유 등
직원 몰입 및 근속률	감성 분석, 직원 만족도 조사, 소셜 미디어 분석 등	인간적인 공감, 직원 인정 및 보상, 커뮤니케이션 강화 등
성과 평가 및 경력 개발	연속적인 실시간 평가, 예측 HR 분석, 기술 교육 추천 등	개인별 코칭, 경력 개발 계획 수립, 승진 및 이동 결정 등

AI 기술은 기업의 인사관리^{HR} 분야에서도 다양한 변화를 이끌어내고 있습니다. 과거 수작업과 직관으로 관리되었지만, AI 기술이 적용되면서 데이터를 바탕으로 분석해 업무를 처리할 수 있게 되었습니다. 단순 반복적인 업무를 자동화로 효율성을 크게 향상시킬 수 있었습니다. 또한, 데이터를 활용하여 미래를 예측하면 좀 더 미래 지향적인 인사관리를 실현할 수 있게 되었습니다.

AI 기술이 인사관리 영역 전반에 적용되기 시작하면서 인사담당자 역할이 크게 바뀌기 시작했습니다. 직원들을 관리하고 감독하는 역할에서 직원들과 접촉해 직원들의 적응과 발전을 돕고, AI가 파악하지 못하는 현실의 문제를 확인하고, 리더들이 올바른 리더십을 발휘할 수 있도록 데이터를 제공하는 역할을 하게 된 것입니다. 어떻게 보면 인사의 본질적인 역할을 수행할 수 있게 된 것입니다. AI가 업무에 적용되기 전과 후의 HR 분야는 이름은 같지만 전혀 다른 역할을 수행하게 됩니다.

대학교수에서 멘토, 퍼실리테이터, 큐레이터로

전문가 영역에서 최정점에 있는 대학교수의 역할은 어떻게 될까요? 지금까지는 학생들을 교육하고 연구자로서 학문과 기술을 연구하는 역할을 담당해왔습니다. 대학교수는 학령인구의 감소로 위기에 있지만 생성형 AI의 등장으로 또 다른 변화를 맞이하고 있습니다.

학문은 답을 찾아가는 과정으로서 의미가 있습니다. 과거 어떤 연구들이 이루어졌는지, 새로운 연구는 어떻게 진행되고 있고 그 결과는 어떤지 계속 관심을 가져야 했습니다. 도서관을 뒤지고 인터넷을 뒤져서 적합한 연구에 필요한 정보를 찾습니다. 아마 여러분도 정보를 찾는 과정에서 낚시성 자료, 부실한 자료를 보며 머리를 쥐어뜯은 적이 한두 번이 아닐 것입니다. 인터넷이 발달하면서 정보 찾기가 쉬워졌지만 정확도는 여전히 의문이 남습니다.

연구 분야에서 생성형 AI는 과거의 연구결과를 정리해주고 최신 논문을 PDF로 업로드하면 논문을 분석해 단 몇 분 만에 요약해줍니다. 연구 결과에 질문하거나 추가 자료를 요청하면 생성형 AI는 인터넷을 뒤져 나름의 의견과 최신 정보 링크를 알려줍니다. 질문을 하면 관련 정보가 오는 시대에서 답이 오는 시대로 진화한 것이지요.

한발 더 나아가 연구 과정에서도 AI를 활용하고 있습니다. 미국 로렌스버클리국립연구소는 AI에게 330만 개 논문을 학습시켜 텍스트 마이닝 기법을 활용해 새로운 열전 소재를 발견하는 데 성공시켰습니다. LG에서도 전문가를 위한 생성형 AI인 '엑사원 2.0'을 발표했습니다. '엑사원 2.0'은 기존 논문에서 분자 정보를 추출해 친환경 배터리 개발에 활용할 수 있는 첨가제 소재 합성법을 새롭게 제안했습니다. 실험 과정 없이도 새로운 물질을 발견한 것이죠. 일본의 경우 정부(문무과학성) 주도로 논문 데이터와 실험 영상 등을 학습시킨 생성형 AI를 과학 분야의 가설 성립과 효율적 연구 모델 확립에 활용하기 위해 준비하고 있습니다.

교육 분야에서도 마찬가지입니다. 미래의 예측이 점점 더 어려워지면서 새로 등장한 기술을 배우는 것이 과거의 지식을 축적하는 것보다 가치가 있는 시대에 살고 있습니다. 물론 여전히 과거와 같이 배우고 이해하는 것이 중요합니다. 하지만 수십 년 전에 만들어진 학문의 토대를 그대로 현실에 적용하는 것은 어려워 보입니다. 어떻게 AI와 융합해 학문을 이끌어갈지, 정답을 생성하는 시대에 학문은 어떤 의미가 있을지 고민해봐야 합니다.

또 유튜브, OTT, 온라인 강의 서비스 시장이 커지면서 언제 어디서나 양질의 강의를 들을 수 있게 되었습니다. 소위 1타 강사의 강의를 언제 어디서나 들을 수 있게 된 것이죠. 이미 1타 강사 체제가 자리를 잡은 수능, 고시 시장을 보면 학원 매출의 50% 이상을 차지하고 있는 강사가 있습니다. 이것은 대학 시장, 성인 시장의 미래입니다. 얼마든지 유능한 정보전달자의 역할을 하는 사람들을 쉽게 접할 수 있습니다. 따라서 학생들은 고리타분한 교수님의 강의를 더이상 듣고 싶어 하지 않을 것입니다.

하지만 오프라인 학원들은 여전히 남아 있습니다. 학생들의 학습 스케줄링을 하고 궁금한 부분에 대해 질문하고 답을 얻습니다. 그리고 진학과 취업에 대한 상담과 목표를 포기하지 않도록 심리적 지원을 합니다. 대학교수의 역할도 교육자의 기능은 남아 있겠지만 유능한 멘토로서의 역할이 더 커질 것입니다. 머지않은 미래에는 몇 가지 남지 않은 역할도 생성형 AI에게 넘겨줄 수밖에 없습니다. 스케줄링과 궁금증 해소는 불편한 교수님보다 AI가 더 편할 것이니까요. 그렇다면 학문을 먼저 공부한 선배 멘토로서, 양질의 정보를 추천하는 큐레이터로서, 학생들과 전문가들의 의견을 모으고 종합하는 퍼실리테이터로서 역할을 하게 될 것입니다.[17]

직업상담사 업무 변화

AI에 의해 대체될 가능성이 작은 직업 중 하나가 바로 상담사입니다. 사람을 직접 상대해야 하고 같은 말이라도 분위기나 뉘앙스에 따라 크게 달라지기 때문입니다. 직업에 대한 부분은 개인의 선호도까지 반영해야 하니 자동화되기 어렵다고 본 것이죠. 생성형 AI가 등장하기 전까지는 말이죠.

생성형 AI는 문맥을 바탕으로 뉘앙스를 뽑아내는 것은 이제 너무 당연해졌습니다. 최근 멀티모달Multi Modal 기능이 추가됨에 따라 음성, 이미지, 영상 등을 분석하기 시작했습니다. 심지어 생성형 AI가 축구 화면을 보면서 생중계까지 가능해진 현실에서 상담 영역도 생성형 AI의 영향을 받기 시작했습니다.

한국고용정보원과 한국직업상담사협회는 2023년 직업상담사의 업무에 생성형 AI가 미칠 영향에 대해 연구했습니다. 생성형 AI가 등장한 이후 직업상담사의 역할이 어떻게 달라질지에 대한 연구이죠. 델파이 조사Delphi method(논의를 통해 의견 합의점을 찾는 방법) 결과 직업상담 분야 전문가들도 생성형 AI가 직업상담 업무에 기여할 수 있는 부분이 많고, 앞으로 점점 더 늘 것이라고 예상하고 있습니다. 특히 직업상담 전문가들은 생성형 AI가 직업 정보 지원, 문서업무 지원, 기획업무 지원, 의사결정 지원, 상담업무 지원에 큰 역할을 할 것이라고 응답했습니다.

직업상담사가 생성형 AI를 활용해 업무를 처리하는 미래의 모습을 상상해보겠습니다. 직업상담사의 경우 크게 직업상담과 교육 지원, 직업 정보 업무 등으로 구분할 수 있는데 각 영역이 어떻게 바뀔지 그려봤습니다.

먼저, 상담에서는 상담하기 전 AI가 사전 설문과 초기 상담을 통해 얻은 데이터를 바탕으로 내담자의 특성에 맞춰서 1:1 상담계획서를 만들어줍니다. 상담 과정에서는 상담 내용을 인식해 상담 과정을 요약하고 정리하는 것은 기본입니다. 추가적으로 상담의 방향을 잡아주고 상담에 필요한 솔루션도 AI가 제시해줍니다. 상담에서 취업, 직업, 직무 정보 등 필요한 부분을 상담사가 AI에게 바로 질문해 내담자에게 추천할 수도 있습니다.

이력서나 자기소개서 내용도 AI가 보완점을 발견하고 수정하도록 지도해줍니다. 면접도 면접 스크립트를 AI가 검토해주고, 답변 연습도 생성형 AI가 영상인식를 통해 확인하고 보완사항을 알려줍니다. 상담사는 상담 과정에서 내담자를 관찰하고 AI가 집어내지 못한 부분을 확인하고 도움을 주는 형태로 바뀝니다.

다음으로 교육 지원 업무에서 AI는 교육 내용을 기획하고, 홍보물을 만들고, 참여자를 모집하는 일을 합니다. AI는 목적에 맞게 교육을 기획하고, 기획한 내용을 홍보 이미지로 뽑아냅니다. 기획 내용을 바탕으로 모집 문구를 만들고 SNS에 업로드하면 교육 지원 업무는 어느 정도 마무리됩니다. 상담사는 교육에 어떤 전문가를 초빙하고 취업에 어떤 콘텐츠가 도움이 될지 판단하는 것이 중요한 역할이 됩니다.

또한 직업 정보를 정리하는 것도 내담자의 특성, 선호 직업, 지역 등 정보에 맞춰 개인 맞춤형 취업 정보를 추천해줍니다. 내담자들의 합격 가능성과 보완할 점을 분석해주기도 합니다. 직업 정보에 맞춰 취업 계획을 짜고 준비를 돕는 전문가와 콘텐츠에 연결시켜줍니다. 상담사는 AI가 제시한 여러 제안 속에서 내담자가 현실적인 목표를 세울 수 있도록 돕고, 준비 과정에서 포기하지 않도록 분위기를 조성하고 정서적 지원을 합니다.

앞서 설명한 직업상담사의 미래에서 소개한 내용 대부분은 직업상담사분들이 마음만 먹는다면 지금 바로 업무에 적용 가능합니다. 직업상담사는 생성형 AI에게 기존 업무의 상당 부분을 내어주게 됩니다. 그렇다면 직업상담사는 AI가 생성한 정보를 현실에 맞게 검토하고 선별(큐레이션)하게 될 것입니다. 직업상담사라는 직무의 이름은 그대로이지만 그들의 역할은 완전히 바뀌는 상황에 놓이게 됩니다.

직무의 경계가 사라지고 있습니다. 또 직무의 명맥을 유지하고 있지만 실제로 하는 역할은 과거와 완전히 달라지는 시대를 살고 있습니다. 새로운 기술의 등장으로 사람들은 기존의 직무경계를 허물고 더 포괄적으로 일할 수 있게 되었습니다. 또 잡무에 진을 빼기보다 본질적인 일에 집중할 수 있게 되었습니다.

AI가 더 발전해 최근 활발하게 논의되고 있는 AGI(Artificial General Intelligence)(인간 수준의 지능을 가진 인공지능)로 진화한다면 더 이상 인간이 개입하지 않아도 일은 돌아갈 수 있는 미래도 함께 보입니다. 모든 실무는 AI에게 맡기고 성과를 내기 위해 발벗고 뛰어다니는 경영자가 우리 인간의 미래일 수 있다는 결론에 이르게 됩니다.

직무경계의 종말과 함께 정규직의 종말도 함께 다가오고 있습니다. 다음 장에서는 정규직의 종말에 대해 살펴보도록 하겠습니다.

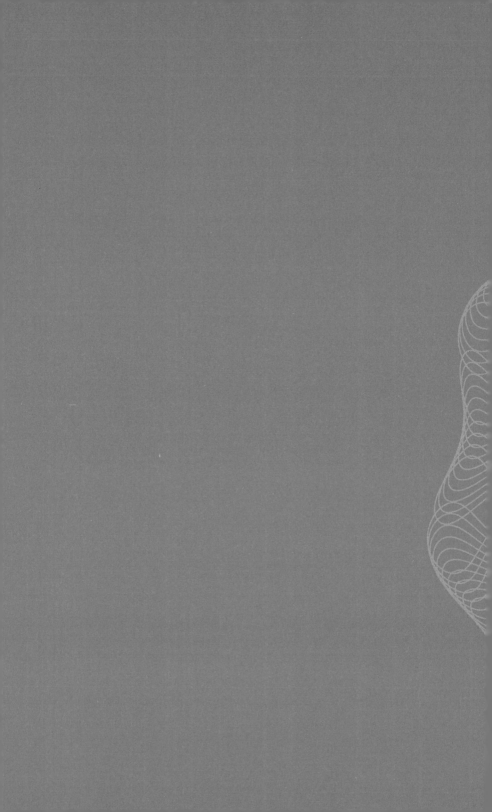

정규직의
종말

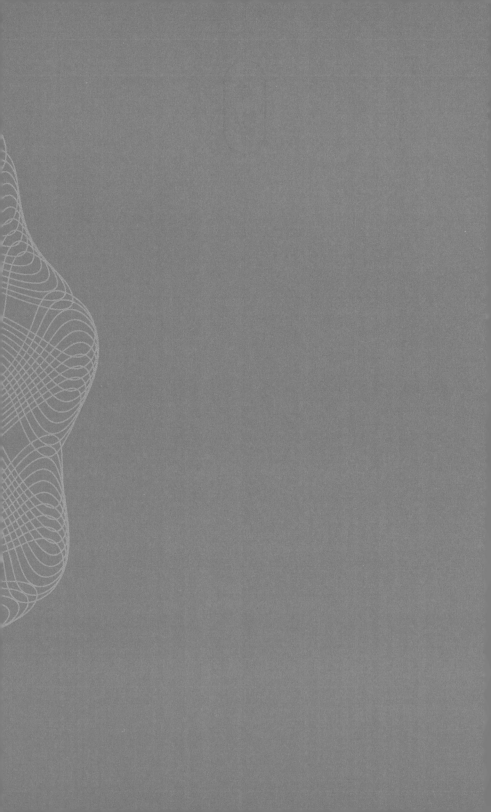

"우리가 만든 세상은 우리 생각의 과정이다. 우리의 생각을 바꾸지 않고는 세상은 바뀌지 않는다(The world as we have created it is a process of our thinking. It cannot be changed without changing our thinking)"

– 알버트 아인슈타인(Albert Einstein)

정규직이 사라지고 있습니다. 평생직장이라는 개념으로 봤을 때 정규직은 사람들에게 큰 자부심이고, 직장은 충성의 대상이었습니다. 기업이 한 사람의 평생을 책임지는 구조였기 때문이죠. 하지만 평생직장의 개념은 사라지고 '만인의, 만인에 대한 투쟁 시대'가 열렸습니다. 직업 세계는 기업과 기업, 개인과 개인이 무한경쟁을 펼치며 정공법과 변칙들이 난무하는 장이 되었습니다.

심지어 거대한 개인이 출연하면서 과거에는 상상도 하지 못했던 기업과 개인과의 밥그릇 싸움도 목격합니다. 방송국과 유튜버, 쇼핑몰과 스마트스토어, 출판사와 1인 출판사. 앞으로 상황이 어떻게 흘러갈지 한치 앞도 알 수 없게 되었습니다.

한 개인의 직업이 하나라는 개념에서 벗어나 N잡러가 탄생하고, 직장인들도 업무시간이 끝나면 마치 슈퍼맨처럼 옷을 갈아 입고 제2의 출근을 위한 변신을 시작합니다. 직장인이 부업을 가지는 것이 '옳냐, 그르냐'에 대해서도 한창 다투는 중입니다.

이런 상황 속에서 점점 정규직은 종말을 맞이하고 있습니다. 마치 수렵사회 조상들의 모습처럼 사람들은 새로운 먹잇감을 찾아 이리저리 이동합니다. 혼자서 잡기 어려운 적을 쓰러뜨리기 위해 한데 뭉쳤다가 목표를 달성하면 흩어집니다. 다만 조상들과 현대인이 다른 점은 활과 창이 아니라, 모바일과 인터넷으로 무장하고, 앞으로는 AI와 로봇과 함께 싸운다는 것이죠.

정규직은 이렇게 서서히 종말을 맞이합니다. 정규직의 몰락은 한 조직 안에서 역할을 세세하게 구분해온 직무의 종말과도 직결됩니다. 이번 장에서는 정규직이 어떻게 종말하고 있는지 그 단상을 함께 살펴보도록 하겠습니다.

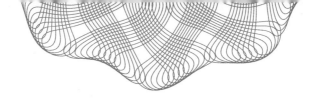

01

조용한 부업의 등장

부업은 존중받지 못했습니다. 과거에는 부업을 '주업 외에 별도로 하는 작은 일'로 인식하였고, 주로 생활비를 보충하거나 추가적인 수입을 얻기 위한 방법으로 보았습니다. 주로 단순 노동이나 수공업 등을 통해 수행되었으며, 일정한 시간과 노력을 투자해야 했습니다.

그러나 최근에 들어서는 부업에 대한 인식이 크게 변화하였습니다. 기술의 발전과 인터넷의 확산으로 누구나 쉽게 부업을 시작할 수 있게 되었고, 이에 따라 부업을 '창업'이나 '자기계발'의 일환으로 보는 시각이 강화되었습니다. 특히 코딩, 디자인, 콘텐츠 제작 등의 전문적인 능력을 활용한 부업이 늘어나고 있으며, 이러한 부업을 통해 개인의 능력을 키우고, 독립적인 수입원을 확보하려는 추세가 강화되고 있습니다.

이처럼 부업에 대한 인식은 시대와 사회적 환경의 변화에 따라 계속해서 변하고 있으며, 앞으로도 새로운 형태의 부업과 그에 따른 인식 변화가 계속될 것으로 예상됩니다. 지금부터 부업 그 현장의 모습을 함께 살펴보겠습니다.

'조용한 부업' 현상

'조용한 부업'이 뜨고 있습니다. 조용한 부업이란 원격근무나 모바일 기기를 이용해 회사에 알리지 않고 다른 일을 병행하는 부업을 말합니다. 우리나라뿐만 아니라 미국을 포함한 전 세계적인 현상인데요. 팬데믹 이후 원격근무가 확산되면서 조용한 부업을 하는 직장인들이 늘어났습니다. 경제적으로 저성장이 장기화되고 불확실성이 증가해 직장인들의 연봉도 정체되어 있는 점도 한몫했습니다.

또 최근 자기계발의 흐름에 따라 자신의 취미나 꿈을 실현하고자 조용한 부업에 뛰어드는 경우도 있습니다. 조용한 부업의 종류도 다양합니다. 예를 들어 얼굴을 드러내지 않는 유튜브 운영, 블로그 운영 대행, 해외구매 대행, 스마트스토어 운영, 전자책 판매,

앱 개발, 웹소설 창작, 브랜드 네이밍 등이 있습니다. 이러한 부업은 장소와 시간에 구애받지 않고 추가 수익을 얻을 수 있다는 장점이 있습니다.

통계청에서 집계한 결과에 따르면 부업을 하는 근로자는 2020년 약 44만 명에서 2022년 약 54만 명으로 10만 명가량 큰 폭으로 증가했다는 것을 확인할 수 있습니다. 그리고 잡코리아의 조사 결과 직장생활 중 부업을 한 번이라도 해봤다고 응답한 직장인은 10명 중 9명(89%)에 해당합니다. 부업을 할 수 있는 플랫폼과 AI 등 기술 발전이 더해지며 부업에 참여하는 사람들이 크게 늘고 있습니다.

이와 맞물려 조용한 부업을 배우려는 사람들도 늘어났습니다. 유튜브나 온라인 강의 시장에서 가장 인기 있는 콘텐츠가 부업에 대한 내용이기도 합니다. 인기 있는 콘텐츠를 살펴보면 전자책 쓰기, 생성형 AI를 활용해 블로그를 운영하는 방법, 스마트스토어 창업, 유튜브 쇼츠 10분 만에 100편 만들기 등 내용도 다양합니다.

조용한 부업을 하고 있는 A씨는 부업으로 스마트스토어를 운영하고 있습니다. 출퇴근 시간, 식사시간을 활용해 상품을 찾고 온라인 상점에 등록한 다음 퇴근 후 쌓인 주문을 처리하는 것이 하루 일과입니다. 본업에 집중하면서 최대한 시간을 효율적으로 활용해 업무를 처리하는 것이죠. 사이트에 올려 놓으면 본업을 하는 중에도 돈이 벌리니 일석이조가 따로 없습니다.

연도별 부업 인구

(단위: 만 명)

60

50

40

30

43.3

47.3

44.7

50.6

54.6

2018년 2019년 2020년 2021년 2022년

(출처: 통계청)

앞으로 조용한 부업 시장은 더 커질 것으로 예상됩니다. 당연히 경제적 이유들도 있겠지만 사회, 문화, 기술적 요인들도 함께 작용할 것입니다. 과거에는 본업만 신경 쓰는 것도 벅찼는데, 최근 워라밸을 중시하는 사회문화가 확산되었습니다. 또 자동화 기술 발달로 같은 양의 일도 빠르게 끝낼 수 있게 되었기 때문입니다. 유연근무, 재택근무, 주 4일 근무 등 다양한 근무 방식이 도입되면서 근무시간 외에 시간을 어떻게 활용하는지에 대한 직장인들의 고민은 계속 늘고 있습니다. 조용한 부업은 직장인들에게 너무나 매력적인 선택지입니다.

조용한 부업은 거대한 개인 출현의 전주곡입니다. 과거에는 기술의 한계로 기업 밖에서 일을 혼자 추진하는 것은 부담스러운 일이었습니다. 하지만 생성형 AI, 포털, 블로그 등만 잘 활용해도 많은 일을 쉽게 해결할 수 있게 되었습니다. 개인이 웬만한 조직보다 더 많은 일을 처리할 수 있게 된 것이죠. 또 심리적으로도 부업에 대한 성공 경험이 늘어날수록 직장 근무가 비효율적으로 느껴지게 됩니다. 그리고 부업을 하면서 느끼는 쾌감과 성취감은 직장에서 8시간 근무하면서 느낄 수 있는 것과 질적으로 차이가 있다는 것을 알아채기 시작합니다(물론 일이 없을 때 불안, 초조함도 따라오겠지만요).

거대한 개인이 출현함에 따라 조직 안에서도, 부업 과정에서도 성과를 오롯이 책임지고 성과에 맞는 대우를 받는 것이 합리적이라고 생각하게 됩니다. 연예인들이 출연료를 받고 러닝 개런티 running guarantee를 받듯, 기본급을 받으면서 영업에 대한 성과를 받아가는 모습으로 보상 체계가 진화할 것입니다.

정규직의 이중생활: 소심영업, 배짱영업, 불법영업

정규직의 이중생활이 길어지다 보니 다양한 모습으로 드러나고 있습니다. 잡코리아 조사에 따르면 직장에 다니면서 현재 부업을 하고 있는 사람들의 비율은 37.8%로 10명 중 4명은 현재 부업을 하고 있다고 답했습니다. 20대 34.1%, 30대 36.5%, 40대

38.6%, 50대 이상 43.1%로 연령대가 올라갈수록 증가하는 것으로 나타났습니다. 직장인들이 부업에 투자하는 시간은 평균 3.4시간, 월평균 소득은 80만 원에 달하는 것으로 나타났습니다.[18] 평균소득이다 보니 편차가 크게 나타나고 있으며, 직장에서 주는 월급은 용돈 정도로 여기는 '프로 부업러'도 나타나고 있습니다. 정규직의 이중생활 모습도 소심영업, 배짱영업, 불법영업 등 다양한 모습으로 나타나고 있습니다. 그럼 직장인 부업의 천태만상을 살펴보겠습니다.

먼저, '소심영업'형입니다. 주로 초보 '부업러'들이나, 강한 규율을 적용하고 있는 직장에 근무하는 분들이 여기에 속합니다. 부업을 직장에 들키지 않아야 하니 여러 가지 방법이 공유됩니다. 부업과 본업의 소득을 합쳐 590만 원을 넘으면 안 된다는 것인데요. 국민연금 기준 소득월액 상한선(590만 원)이 넘어서면 국민연금공단에서 소득 비율대로 국민연금을 나눠서 납부하도록 합니다. 이런 사실을 전달받은 직장에서는 부업을 의심하게 될 수밖에 없습니다.

'소심영업'형은 얼굴을 드러내지 않는데요. 유튜브나 블로그를 운영할 때에도 가명을 쓰고, 얼굴을 드러내지 않도록 철저히 가리고 음성도 변조합니다. 이런 노력이 오히려 콘셉트가 되어 더 인기를 얻은 유튜버도 있을 정도입니다. 사업자를 낼 때에도 가족의

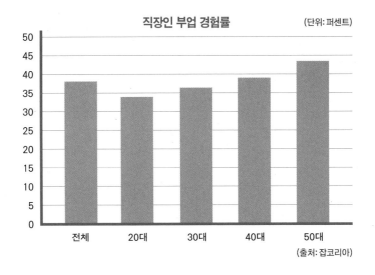

직장인 부업 경험률 (단위: 퍼센트)

(출처: 잡코리아)

명의를 이용해 차명으로 운영하기도 합니다. 간혹 '프로 부업러'들도 소심영업을 하는 경우가 있는데, 부업은 변동성이 크고 직장은 안정성이 크니 두 마리 토끼를 잡고 싶어 하는 유형이죠.

　다음은 '배짱영업'형입니다. 배짱영업형은 규율이 느슨한 조직에 근무하거나, '프로 부업러'들입니다. 부업이 커지다 보면 본업보다 더 많은 수익이 나기 시작합니다. 본업은 귀찮고 나의 부업을 방해하는 요소에 지나지 않지요. 그러다 보면 배짱영업이 시작됩니다. 하다가 '회사에 들키면 회사를 그만두지 뭐!'라고 생각하게 됩니다. 근무 중 짬 나는 시간, 점심시간도 적극적으로 활용하고 주변 사람들을 고용해 일거리를 주는 등 부업을 적극적으로 운영합니다. 직장에서도, 본인도 "내보내야(나가야) 하나, 말아야 하나 그것이 문제로다!" 고민이 큽니다. 이런 프로 부업러들의 유익은 사장님과 운영진들의 마음을 비로소 이해하게 된다는 것입니다. 의사결정을 하고, 결과를 책임진다는 것의 무게를 비로소 이해하게 되는 것이지요.

마지막으로 '불법영업'입니다. 불법 아이템으로 부업을 하거나 '배짱영업'형이 흑화하면 '불법영업'형이 됩니다. 회사와 관련된 영업라인 또는 정보를 활용해 부업을 하게 된다면 이것은 큰 문제입니다. 또 불법 도박 사이트나 성인물 등 불법적 요소가 다분한 사업 아이템을 운영하는 것도 마찬가지입니다. 하지만 '배짱영업'을 하다 보면 속한 조직에서 알게 되고, 조직에서 이를 문제 삼다 보면 '불법영업'화됩니다. 외부 압력이 주변의 시샘과 질투일 수도 있고, 운영상 규정과 원칙을 바로잡고자 하는 경우도 있습니다. 이 경우 "나갈 것인가, 남을 것인가", 결국은 선택하게 됩니다. 갈등이 심각한 경우에는 조직과 법적 분쟁이 발생하기도 하고, 이것이 알려져 부업에도 큰 타격이 발생하는 경우도 빈번합니다. 부업을 정리하고 남아 있더라도 낙인이 찍혀 회사생활이 어려워지는 상황들도 발생합니다.

정규직의 이중생활이 많아지면서 부업 영업 형태도 다양하게 나타나고 있습니다. 조직에 속한 사람들도 머리가 복잡합니다. 열

표 12 | 정규직 이중생활 형태별 특징 정리

형태	대상	특징	운영방식
소심 영업	초보 부업자, 강한 규율이 있는 직장에서 근무하는 사람들	안정성을 추구하며 두 마리 토끼를 잡고자 함	얼굴을 드러내지 않고 가명을 사용, 다른 사람의 명의로 사업자 등록
배짱 영업	규율이 느슨한 조직에서 일하는 사람들, '프로 부업러'	본업을 방해 요소로 보며, 의사 결정과 그 결과에 대한 책임을 완전히 이해	근무 시간 중에도 부업에 집중, 필요하다면 주변 사람들을 고용
불법 영업	부업 아이템이 불법적인 경우, '배짱영업'형이 흑화한 경우	조직에서 문제를 일으키며, 외부 압력이나 회사 규정을 위반하는 행동이 발생할 경우 더 큰 문제가 됨	회사의 영업라인이나 정보를 부당하게 이용, 불법 도박 사이트나 불법적인 요소가 포함된 사업을 운영

심히 본업에 집중하는 사람들은 상대적 허탈감에 빠지게 되고, 부업을 하는 사람들은 본업에 소홀해지기 쉽습니다. 부업의 경험이 본업을 오히려 돕고 확장하기도 하지요. 이런 과정에서 정규직이라는 개념에 조금씩 균열이 발생하고 있습니다. 각자 추구하는 삶이 다르고 그것을 담을 수 있는 새로운 그릇이 필요한 상황입니다. 그렇다면 조직은 조용한 부업 현상을 어떻게 바라보고 있을까요?

눈을 부라리거나, 질끈 감는 기업들

'조용한 부업'의 확산에 기업은 당황하고 있습니다. 대다수의 기업은 근로계약서나 취업규칙, 별도 약정서 등을 통해 겸직을 제한하는 게 일반적입니다. 하지만 직접 얼굴을 드러내지 않고 부업을 하거나, 가족의 사업자를 활용해 부업을 하는 경우도 있으니 조직에서 부업 여부를 파악하는 것 자체가 어렵습니다.

조직이 '조용한 부업'을 바라보고 있는 태도도 가지각색입니다. 당연히 공무원과 공적인 업무를 하는 직업에서는 겸업을 엄격하게 금지하고 있습니다. 하지만 회사에 따라서는 규정이 있더라도 어느 정도 이해해주거나, 오히려 장려하는 조직도 있습니다. 어떤 방식이 옳을까요? 아주 복잡하지만 기업들이 어떻게 대처하고 있는지 살펴보겠습니다.

우리나라의 직장문화에서는 '조용한 부업'이 시끄러워지기 시작하면 징계를 받거나 '한눈 파는 직원'이라는 낙인이 찍히기 쉽습니다. 문제화된 사건을 살펴보면 겸업 금지 원칙을 어기고 유튜브 활동을 하다가 징계 대상에 오른 유명 유튜버, 중앙부처 7급 공무원이 노출 방송을 해서 징계를 받는 사건 등이 있습니다. 부업에 직장인들의 관심이 많아지니 자칫 업무에 소홀해질까 제재하는 곳도 늘었습니다. 공공기관이나 대기업 등의 경우 보안과 직원 품위유지 등의 이유로 사전허가제로 운영하고 있는 곳도 많습니다.

미국의 경우는 전자상거래 2위 플랫폼 '쇼피파이'의 CEO가 직원들에게 "회사에서 집중력을 떨어뜨리는 부업을 하지 말라"고 강조했으며, 신용정보 기업인 '에퀴팩스'는 부업을 하고 있는 직원 24명을 해고했습니다. 우리나라와 미국은 부업을 병행하는 직장인들에게 강력한 조치를 하고 있습니다. 직원이 창작한 영상이나 판매 상품, 글 등이 구설에 오르면 회사에도 타격이 생기기 때문에 금지하는 것이지요.

옆 나라 일본은 분위기가 다릅니다. 장기간의 경기침체와 인구 고령화로 인력이 부족하기 때문에 같은 인력을 효율적으로 운영할 수 있도록 부업에 관대합니다. 2018년 부업·겸업 가이드라인을 제시했고, 2019년에는 취업규칙 기본 지침에서 부업·겸업 금지항목을 삭제했습니다. 2022년에는 기업들에게 부업·겸업 허용 관련 정보를 공개하도록 했습니다. 이에 부업 허용 기업 비율이 2018년 30%에서 2022년 53%로 증가했다고 합니다.

미쓰이스미토모(해상화재보험사)에서는 과장으로 승진하려면 부업, 자회사 파견 등 본업과 다른 일을 한 경험이 반드시 있어야 합니다. 인사 분야 임원은 "부업을 허가해 생기는 위험보다 외부 변화를 모르는 데서 오는 위험이 더 크다"라고 말합니다. 인사 담당자들이 참고할 대목이죠. 평생직장 개념이 옅어지는 상황에서 본업에 충실하라는 말은 꼰대 소리로 들릴 수 있기 때문입니다.

나라마다 기업마다 부업에 대한 다른 시각이 존재하는 것은 사실입니다. 하지만 앞으로 기업에서 더 효율적으로 인재를 관리하려면 어떻게 해야 할까요? 예측할 수 없는 시대에 고용된 직원을 많이 두고 대응하는 것도 방법입니다. 또 유능한 전문가와 필요할 때마다 계약을 통해 업무를 추진하는 것도 방법이 될 수 있겠지요.

무엇이 좋다, 무엇이 나쁘다 평가할 수는 없지만 부업에 대한 인식이 달라지고 있다는 것은 분명합니다.[19] 기업도 부업을 골칫거리로 여길 수 있지만 인력을 개편할 수 있는 좋은 방법입니다. 앞서 로봇과 AI를 도입하려는 것도 결국은 고정비와 인건비를 줄이는 방법입니다. 고정 인건비를 아껴두었다가 필요할 때 업계 최고의 전문가로 팀을 구성해 프로젝트를 진행하는 것은 어떨까요? 비밀 유지, 보안, 업무의 연속성 등 여러 가지 문제가 머릿속을 스치지만 늘 그래왔듯 문제를 해결하는 방법은 생길 것입니다.

여러분은 직장인들의 '조용한 부업' 현상을 어떻게 생각하시나요? 개인의 입장에서 자기계발을 돈을 들여서 하는 것도 좋지만 돈을 벌면서 실전에서 역량을 갈고 닦는 방법도 훌륭한 자기계발 방법일 것입니다. 조직의 입장에서도 고정비를 줄이고 훌륭한 인재와 함께 일할 수 있는 기회를 얻을 수 있을 것입니다.

직장이 유연해지면 생기는 문제가 있습니다. '빈익빈 부익부' 편차가 더욱 커진다는 것이죠. 조직에서 같이 일한다는 것은 안에서 유대감을 느끼고 공감할 수 있어야 하는데, 이미 출신 지역, 학력, 재산 등으로 구분되어 있습니다. 거기에 부업 소득 격차까지 더해지면 몸은 한 곳에 있지만 모두가 다른 생각을 하는 동상이몽의 관계가 될 수도 있습니다.

조직에서 함께 일한다는 가치가 여전히 매력적일까요? 정규직의 종말은 이런 고민에서부터 시작됩니다.

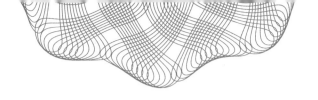

02

───

진격의 거인의 등장:
N잡러, 긱 워커, 1인 기업가

───

진격의 거인들이 몰려오고 있습니다. 그들은 N잡러, 긱 워커 Gig Worker, 1인 기업가로 불리는 사람들입니다. 과거에는 이들은 성실하지 못해서 한 곳에서 진득이 일하지 못하는 부류로 여겼습니다. 대체로 먹고살기 어려운 사람들이라고 생각하기도 했습니다. 농경사회의 농부들이 유목민족을 보면서 가졌던 생각과 비슷합니다. 하지만 N잡러, 긱 워커, 1인 기업가의 전성시대가 열리고 있습니다.

N잡러는 한 사람이 동시에 여러 직업을 갖는 사람을 의미합니

다. 긱 워커는 고용주의 필요에 따라 일을 맡기고 구하는 경제 형태인 '긱 이코노미' 종사자로 플랫폼 노동자, 단기 아르바이트 등을 말합니다. 이들이 급격하게 증가한 이유는 정보통신의 발달로 빠르게 고용주와 노동자를 실시간으로 연결해주는 다양한 앱이 개발되었기 때문입니다.

코로나19 팬데믹 위기가 닥쳤을 때 기존 조직과 노동자는 어려움을 겪었습니다. N잡러와 긱 워커, 1인 기업가는 기동성과 놀라운 적응력으로 위기를 오히려 기회로 만들었습니다. 최근 긱 워커의 대표적인 일거리로 인식되고 있는 배달기사(라이더)의 경우 2022년 기준으로 월 500만 원 이상 버는 라이더가 24.8%로 대기업 근로자 뺨치는 수익을 거두고 있습니다.

물론 N잡러, 긱 워커, 1인 기업가가 고용의 안정성이 떨어지고, 법적인 보호를 받기 어려운 위치에 있다는 점은 간과할 수 없습니다. 하지만 기업에서도 고용이 부담스러운 상황에서 일손이 필요할 때 도울 수 있는 인력이 필요하다고 기업 5곳 중 4곳에서[20] 생각하고 있습니다. 그리고 성인 남녀 10명 중 6명이 새로운 형태의 N잡러, 긱 워커, 1인 기업가로 일하고 싶다고 답하고 있습니다. 지금 우리 곁에서 나타나고 있는 노동 형태의 변화를 함께 살펴보겠습니다.

'C'의 하루 일과

이 시대의 진정한 1인 기업가이자, N잡러이자, 긱 워커인 'C' 씨의 하루 일과를 소개하겠습니다. C씨는 강사를 주업으로 하고 있지만 방송, 칼럼, 작가, 교육 콘텐츠 개발자, 유튜버, SNS 운영 등의 일을 하고 있습니다. 여러 가지 일을 하면 하나도 제대로 하는 것이 없다는 말이 있습니다. 하지만 나름대로 여러 가지 일을 묶어서 처리하며 성과를 내고 있습니다.

보통 새벽에 일어나서 가장 먼저 하는 일은 칼럼이나 방송 원고 작성입니다. 챗GPT에 취업과 관련된 최신 기사와 주제에 대해 묻고 가장 적합한 주제를 뽑아냅니다. 주제에 맞는 하위 주제들을 추천받고 하위 주제에 필요한 정보와 사례를 요청합니다. 칼럼을 완성하면 방송 원고에 맞게 수정해달라고 하거나 책 원고와 관련된 주제면 주제에 맞게 수정해달라고 요청합니다. 하나의 원고로 많게는 세 가지 일을 처리할 수 있습니다.

다음 출강을 준비합니다. 주제와 관련한 최신 이슈를 챗GPT로 찾고 교육자료를 보완합니다. 필요한 주제는 칼럼과 방송 원고로 활용하기 위해 클라우드 노트에 기록해둡니다. 출강을 가면서 유튜브 콘텐츠를 구상합니다. 강의가 시작되기 전 강의장 단상 앞에 캠과 마이크를 설치하고 Face Tracking(얼굴 추적) 기능을 켭니다. 교육생들이 '관종(관심을 받는 것을 즐기는 사람)'이라고 생각할까

봐 걱정하지만 스스로 강의 내용만 좋으면 된다고 스스로를 위로합니다. 강의 중 움직여도 캠은 얼굴을 따라다니며 열심히 촬영을 합니다. 이렇게 하면 강의는 곧 영상 콘텐츠가 되죠.

강의를 마치면 가까운 카페에서 영상편집을 합니다. 영상은 촬영만큼 중요한 것이 편집입니다. AI 영상편집 툴을 켜고 영상을 업로드하면 음성을 인식해 자막을 만들어주고 적당히 컷편집을 해줍니다. 백스페이스 하나로 컷편집을 마무리하고 시선 처리나 어색한 표정은 AI가 추천해준 이미지로 교체합니다. 편집이 마무리되면 필요한 부분만 영상으로 뽑아냅니다. 이미지 편집 사이트에서 주제에 맞는 이미지를 찾아 텍스트와 이미지를 수정합니다. 유튜브를 업로드할 준비를 모두 마쳤습니다. 곧바로 유튜브 채널에 업로드합니다.

이제 강의한 내용을 SNS로 홍보해야죠. 영상에서 괜찮은 이미지를 추출하고 교육담당자에게 받은 이미지를 활용합니다. 텍스트는 먼저 인스타용으로 짧게 작성하여 페이스북과 스레드, 밴드 등에 홍보합니다. 그리고 인스타용으로 작성한 텍스트를 불러와 챗GPT를 활용해 블로그에 맞게 글을 수정합니다. 수십 자의 글이 마법과 같이 천 자 이상의 글로 바뀝니다. 문장을 다듬고 내용을 보완해 블로그에 업로드합니다. 가끔 전문적인 블로그 글도 올리는 것이 운영에 유리하기 때문에 방금 영상에서 제작할 때 추출한 자막 텍스트를 불러와 챗GPT에 블로그용 글로 수정해달라고 합니다. 전반적인 내용을 수정해 업로드하면 SNS 관리도 어느 정도 마무리됩니다.

방송국으로 이동해 방송 준비를 합니다. 인터뷰 형식의 라디오에 15분 정도 고정 게스트로 출연합니다. 들어가기 전 스마트폰 방해금지 모드를 켜고 녹음 기능을 켭니다. 라디오 부스에 붉은 라이트가 들어오면 준비한 원고에 맞춰 질문에 답변하죠. 인터뷰 내용은 다 녹음됩니다. 방송을 마치고 녹음 상태를 확인해봅니다. 녹음 상태가 괜찮으면 AI 영상편집 툴에 음성을 넣고 동영상 생성 버튼을 누르면 자동으로 말하는 내용을 분석해 자막과 이미지가 추천되고 영상이 제작됩니다. 변환에 오류가 있는 텍스트와 어색한 이미지를 수정하면 또 하나의 동영상이 제작되죠. 녹음 상태가 좋지 않으면 내가 만든 원고 텍스트를 AI 영상편집 툴에 업로드하면 AI가 음성으로 영상을 만들어줍니다. 어색한 이미지를 수정하고 영상을 추출하면 또 다른 느낌의 영상을 만들 수 있습니다.

콧노래를 부르며 퇴근합니다. 복잡해 보이는 일들이 AI 덕분에 처리할 수 있게 되었기 때문이죠. 예전에는 이 모든 것을 마무리 지으려면 2~3명의 인력과 함께 밤을 새워도 모자랐을 것입니다. 이제는 AI를 각 요소에 적용하면 3~4시간만 투자하면 이 모든 것을 쉽고 빠르게 처리할 수 있습니다. 더 좋은 것은 AI는 계속 업그레이드되고 있고, 속도도 빨라지고 있다는 점입니다. 'C'씨는 AI가 어떻게 발전할지 앞으로 더 기대가 됩니다.

여기서 말한 'C'씨는 바로 저입니다. 제 하루 일과의 모습이죠. 저자는 1인 기업가이자, N잡러이자, 긱 워커입니다. 예전에는 할 수 없었던 속도와 퀄리티로 거대한 개인으로 진화하고 있습니다. 지금 이 순간에도 빠르게 AI가 확산되고 있는 상황에서 앞으로 더 많은 일이 AI로 처리될 것입니다. 앞서 소개한 방법을 프로세스화하고 AI에게 한마디만 지시하면 강사 보조 앱이 순식간에 만들어지는 시대에 살고 있습니다.

세계 곳곳에서 진격의 거인(애니메이션에서 사람들이 만들어 놓은 방벽을 무너뜨리려 공격하는 거인)들이 출현하고 있습니다. 진격의 거인들은 몇 사람이 모여도 하지 못하는 일을 혼자서 하면서 사람들이 만들어놓은 직장과 조직이라는 높은 방벽을 무자비하게 깨부수고 있습니다.

쏟아지는 1인 기업

거대한 개인이 출현하면서 1인 기업이 폭발적으로 증가할 것입니다. 과거 기업을 경영하기 위해서는 경영, 기술, 영업, 인사 등 여러 전문가가 있어야 했습니다. 하지만 자동화 기술과 다양한 서비스들이 출시되면서 혼자서도 충분히 기업을 이끌어갈 수 있습니다. 과거에는 기업의 규모를 키워 사람들을 채용하는 것이 방법으로 여겨지만, 자동화 기술과 서비스를 잘 엮으면 혼자서도 효율적으로 잘 운영할 수 있습니다. 인건비와 사무실 등 고정비가 적게 드니 무리하게 사업을 운영할 필요가 없고, 직원과의 관계를 조율하기 위해 노력할 필요도 없습니다. 업무에 집중하고 결과를 만들어낼 수 있으며, 성과와 이익은 오롯이 내 것이 됩니다. 만약 일손이 필요하다면 N잡러와 긱 워커의 도움을 받고 계약된 임금만큼 보상하면 됩니다. 1인 기업 운영을 통해 극단적인 효율성을 추구할 수 있습니다.

성공한 유튜버, 블로거, SNS 운영자 등 소위 인플루언서들이 기업화되고 있습니다. 규모 면에서도 웬만한 기업을 능가하는 실적을 자랑하고 있지요. 이들은 유입되는 사용자들을 대상으로 광고를 하고, 유료 콘텐츠와 굿즈를 판매하며 부가수익을 창출하고 있습니다. 형태는 1인 기업일지라도 주변 여러 기업과 사람이 협업하고 있습니다.

스마트스토어도 마찬가지입니다. 상품을 직접 소싱하는 경우도 있지만 상품 소싱을 대행하거나, 물류와 관련된 모든 과정을 대행하고 스토어 관리와 마케팅에 집중하는 사람들도 많습니다. 거대한 1인 기업이 되고 있지요.

"기업을 운영하려면 인력과 여건을 갖추고 제대로 해야 한다"는 조언은 고리타분한 옛말이 되었습니다. 고용한 사람들은 예전처럼 조직에 충성하지 않고, 여건을 갖추기 위해서는 너무나 많은 비용이 들기에 언제 시작할지 알 수 없습니다. 사람들은 플랫폼과 인터넷 서비스를 활용해 혼자서도 할 수 있는 1인 기업 형태를 선호하기 시작했습니다.

그리고 이제 생성형 AI 시대가 되었습니다. 챗GPT-4.0을 넘어 GPTs가 등장하며 개인별 맞춤형 채팅 서비스를 개발할 수 있게 되었습니다. 상담을 하기 위한 오은영 박사 챗봇, 기업운영 상담을 하기 위한 스티브 잡스 챗봇, 투자 상담을 위한 워런 버핏 챗봇을 단 몇 분 만에 만들 수 있게 되었습니다. 잠깐만 생각해봐도 충분히 사업화될 수 있는 내용들입니다. 그리고 챗GPT 스토어가 곧 출시되면 스토어를 활용해 개발한 챗GPT 인앱(챗GPT 안에서 활용할 수 있는 애플리케이션)들을 사고팔 수 있게 됩니다. 이 현상을 해석해보면 생성형 AI를 활용해 많은 사람이 1인 기업에 도전할 수 있는 여건이 만들어졌다는 것을 말합니다.

IT 마케팅 기업 '레이트 체크아웃'의 최고경영자[CEO] 그레그 아이젠버그는 "나는 앞으로 5년(2023년 11월 기준) 뒤 연매출 2,500만 달러(약 330억 원)를 달성한 수많은 1인 창업가를 볼 수 있을 거라 예상한다"라고 밝혔습니다.[21] 인플루언서, 스마트스토어는 수익을 발생할 수 있게 만드는 데 걸리는 시간이 짧게는 몇 주, 길게는 몇 달 이상 걸립니다. 하지만 생성형 AI를 활용해 서비스를 구축하고 운영한다면 수익을 발생시키는 데 단 며칠이면 충분합니다.

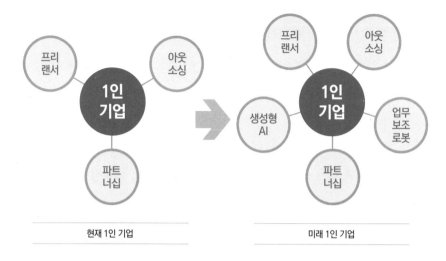

현재 1인 기업   미래 1인 기업

   현재 1인 기업의 형태는 1인 기업과 프리랜서, 아웃소싱, 파트너십 등 다양한 주체들과 협업하는 형태로 이루어져 있습니다. 미래 1인 기업의 형태는 기존의 1인 기업에서 다양한 생성형 AI 서비스와 업무 보조 로봇이 결합한 형태로 이루어질 것입니다. 지금 창업을 하는 데는 IT 지식이 굉장히 중요합니다. 쇼핑몰 또는 홍보 사이트 등 서비스 운영을 위해서는 기본적으로 프로그래밍 언어에 대한 지식이 있어야 하기 때문이죠.

   하지만 이제 생성형 AI가 보편화되고 성능이 향상됨에 따라 IT 지식 없이 누구나 고도의 데이터 인프라에 접근할 수 있게 됩니다. 이제는 굳이 외주 작업을 맡기거나 직접 프로그래밍을 배울 부담도 덜어내게 됩니다. 누구나 아이디어만 있으면 진입장벽 없이 새로운 사업에 도전할 수 있습니다. 이에 따라 필요 초기 자본은 줄어드는 반면, 영업이익이 늘면서 현금흐름이 증가할 겁니다.

생성형 AI를 비롯한 자동화 기술의 확산은 많은 직업과 직무를 사라지게 만들 것입니다. 이 과정에서 대량 실업이 생길까요? 아니면 사람들을 노동에서 해방시킬까요? 아니면 이전에 없었던 새로운 현상을 만들어낼까요? 1인 기업은 미래의 직업과 직무를 대체하는 새로운 형태가 될 수도 있습니다. 사람들은 AI와 협업을 통해 새로운 아이디어를 실현하고 수익을 창출하는 모습으로 노동은 진화할 것입니다.

대기업도 부럽지 않은 N잡러, 긱 워커

N잡러, 긱 워커가 증가하는 이유는 이 시대가 요구하는 노동의 형태이기 때문입니다. 앞서 살펴봤던 '조용한 부업', 즉 회사를 다니면서 부업으로 N잡과 긱 워크를 하기도 합니다. 그래서 이번에서는 전업 N잡러와 긱 워커에 대해 이야기해보려고 합니다. 전업 N잡러와 긱 워커들이 그 어디에도 속하지 않고 자신의 삶을 개척하는, 진정한 의미에서 미래지향적인 삶을 살아가고 있기 때문입니다.

N잡러와 긱 워커가 늘어나고 있는 이유는 무엇보다도 가치관의 변화에 있습니다. 'EMBRAIN'의 직업 가치관 및 'N잡러(슬래

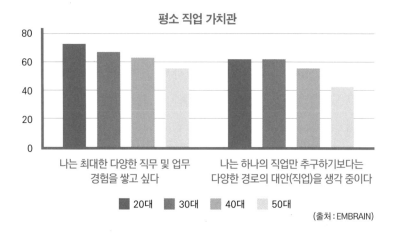

평소 직업 가치관

나는 최대한 다양한 직무 및 업무
경험을 쌓고 싶다

나는 하나의 직업만 추구하기보다는
다양한 경로의 대안(직업)을 생각 중이다

■ 20대 ■ 30대 ■ 40대 □ 50대

(출처 : EMBRAIN)

서)' 관련 인식 조사를 살펴보겠습니다. 연령층이 낮을수록 최대한
다양한 직무 및 업무 경험을 쌓고 싶다고 응답했습니다. 또 하나의
직업보다는 다양한 경로의 직업을 생각하고 있다고 답했습니다.
이런 결과는 평균수명이 늘면서 평생 하나의 일에 집중하기보다
여러 가지 일에 관심을 갖는 것이 당연하게 인식되기 시작했기 때
문입니다.

또, 하나의 일을 배우는 데 시간이 단축되었기 때문이기도 합
니다. 요리 고수에게 요리 기술을 전수받기 위해서 10년간 청소
만 했다는 일화는 유명합니다. 비단 요리뿐만 아니라 대부분의 직
업에서 핵심적인 비법들은 전문가들이 틀어쥐고 좀처럼 공개하지
않았습니다. 하지만 이제는 유튜브나 온라인 강좌에 서로 공개하
지 못해 안달입니다. 그만큼 직무의 정수를 배우는 데 시간은 짧

아졌습니다.

다음으로 같은 조사에서 N잡러(슬래셔) 이미지를 조사한 결과를 살펴보면 〈표 13〉과 같습니다. 상위 5가지는 '부지런한, 열정적인, 적극적인, 재능이 있는, 자유로운, 자발적인'입니다. 모두 긍정적인 이미지로 조사한 전 연령층에서 긍정적인 인식을 가지고 있는 것으로 나타났습니다. 13가지 키워드 중에 단 2가지만 부정적인 이미지(여가생활이 없는, 돈이 없는)와 관련되어 있었습니다. N잡러에 대한 긍정적인 인식은 더 많은 사람이 참여할 수 있는 심리적

표 13 | 직업 가치관 및 N잡러(슬래셔) **관련 인식 조사**(출처 : EMBRAIN)

이미지	설문결과(1,000명)
부지런한	63%
열정적인	56.4%
적극적인	50.5%
재능이 있는	39.9%
자유로운	36.5%
자발적인	26.7%
얽매이기 싫어하는	20.5%
기술이 있는	20.0%
머리가 좋은	17.8%
자존감이 높은	13.8%
여가 생활이 없는	13.8%
전문적인	11.5%
돈이 없는(형편이 어려운)	10.8%

여건을 마련합니다.[22]

　　다음으로 '대학내일20대연구소'에서 합리적이라고 생각하는 성과 평가 방식은 Z세대의 경우에는 개인의 매출과 실적 평가라고 답변했습니다. 조직에 근무하는 개인의 경우 영업사원이 아니라면 매출과 실적으로 평가받을 수 없습니다. N잡러와 긱 워커는 일하는 만큼 평가수익이 발생하고 수익이 곧 성과 평가입니다. 새로운 세대들은 조직으로 자신을 대변하는 것이 아니라, 자기 자신을 드러내고 평가받고 싶어 합니다. 앞으로 N잡러와 긱 워커가 증가할 수밖에 없는 이유이기도 합니다.

표 14 | 인사이트 보고서 2009~2021 '2021 세대별 워킹 트렌드'

Z세대	후기 밀레니얼	전기 밀레니얼	X세대	86세대
개인의 매출과 실적 평가	소속 팀/부서의 매출과 실적 평가	소속 팀원 간의 상호 평가	소속 팀/부서의 매출과 실적 평가	소속 팀/부서의 매출과 실적 평가
36%	27.9%	29.1%	27.4%	30.5%

(출처: 대학내일20대연구소)

　　N잡러와 긱 워커가 증가하는 이유는 사회, 문화, 기술적 여건이 변하고 있다는 것을 의미합니다. 일에 대한 인식, 가치관, 방식이 달라졌습니다. 젊은 세대는 기존의 직업과 직무 중심의 노동 체계가 서서히 붕괴되어 가고 있다는 것을 피부로 느끼고 있습니다. 앞으로의 노동은 직업과 직무를 넘나들고 그 속에서 개인의 성과

를 스스로 평가하고 자신에게 피드백하는 것이 일상이 될 것입니다. 자신 삶의 주인공은 자기 자신이 되는 것이죠.

정규직의 종말은 이미 시작되었습니다. 정규직은 '조용한 부업'을 통해 아주 조용히 정규직으로부터 도망치고 있고, 1인 기업, N잡러와 긱 워커는 당당히 자신의 역량을 세상에 펼치며 스스로 성과를 평가하고 피드백하고 있습니다. 기업들은 이런 변화를 오히려 반깁니다. 고정 인건비를 줄인다면 다른 시도들을 더 많이 할 수 있게 되기 때문이죠. 인력이 필요하다면 1인 기업, N잡러, 긱 워커와 충분히 협업할 수 있습니다. 당연히 문제는 따라오겠지만 아직까지는 이들의 관계가 충분히 조화롭게 보입니다. 그리고 앞으로 발생할 문제는 또 해결되겠지요.

정규직의 종말은 노동의 개념이 달라지고 있다는 것을 느낄 수 있습니다. 자의인지, 타의인지 알 수 없지만 조직에 속하는 것에서 벗어나 개인으로서 진정한 자아 실현을 위해 도전하고 있습니다. 다양한 자동화 기술로 무장한 거대한 개인이 미래 경제의 한 축이 될 것은 분명해 보입니다. 거대한 개인이 진격의 거인처럼 인류가 만든 직업과 직무라는 거대한 방벽을 무너뜨리는 날은 그리 오래 남지 않았습니다. 이제 우리도 그날을 준비해야 합니다.

5장

AI 격차의 탄생:

AI 디바이드

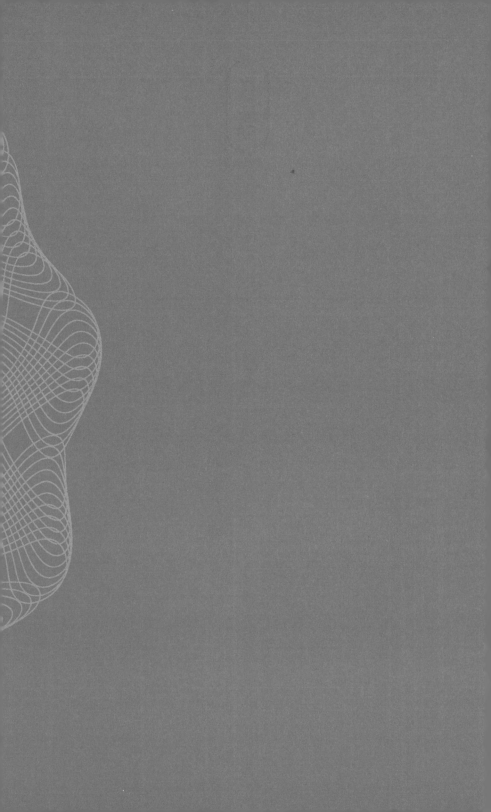

"기술은 사람들을 하나로 모을 때 가장 좋다(Technology is best when it brings people together)."

– 맷 멀런웨그(Matt Mullenweg)

생성형 AI가 등장하고 모든 이슈를 AI가 빨아들이고 있습니다. 이 정도면 잠잠해질 때가 되었지만 계속되는 새로운 이슈로 따라가기 벅찰 정도입니다. AI가 발전하는 속도가 너무 빨라 하루에도 수십 가지 이슈를 만들어내고 있으니까요.

이 글을 쓰고 있는 동안에도 챗GPT 터보와 GPTs가 출시되었고, 텍스트와 이미지 위주의 생성형 AI가 멀티모달 능력을 속속 탑재하기 시작했습니다. AGI 기술이 상용화 단계에 와 있고 '오픈 AI'의 CEO인 '샘 알트먼'이 내부의 속도 조절이 필요하다는 의견과 부딪혀 이사회에서 사임되었다가 다시 복귀했습니다. 하루가 다르게 새로운 AI 기술이 쏟아져 나오고 있습니다.

이런 흐름에 발맞춰 AI를 활용해 업무를 자동화하는 사람들이 나타나기 시작했습니다. 한발 더 나아가 AI를 활용한 기법을 연구해 강의와 책을 만들어 판매하고 있습니다. 업무에 AI를 활용하는 사람과 그렇지 않은 사람들의 격차가 나타나기 시작한 것이지요. 이번 장에서 AI 격차가 어떻게 발생하고 있고, 어디로 향하고 있는지 살펴보겠습니다.

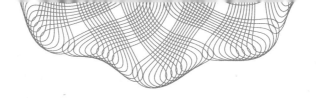

01

디지털 트랜스포메이션에서
AI 트랜스포메이션으로

지금 우리는 기술 전환의 시대에 살고 있습니다. 디지털 트랜스포메이션에서 AI 트랜스포메이션으로 넘어가는 단계에 있지요. 이런 변화가 기존 시대와 다른 점은 하나의 전환이 마무리되지 않은 상태에서 새로운 전환이 시작되었다는 것입니다. 우리는 이 중첩된 구간에서 변화의 소용돌이 한가운데 서 있게 되었습니다. 디지털 트랜스포메이션은 물리적인 시간과 거리를 디지털 세계로 집어삼켰습니다. 디지털 기반에서 자라난 AI 트랜스포메이션은 데이터를 분석하고 의사결정을 합니다.

디지털 트랜스포메이션과 AI 트랜스포메이션이 무엇이고, 어떻게 현실에 영향을 미치는지, 또 이들이 어떻게 세상을 바꿔가고 있는지 지금부터 살펴보시죠.

디지털 트랜스포메이션

디지털 트랜스포메이션^{Digital Transformation, DT}은 디지털 전환이라고도 표현합니다. 말 그대로 기존의 전통적인 구조에서 다양한 IT 기술을 활용하여 디지털 구조로 혁신을 일으키는 것을 뜻하는데요. 팬데믹 시기 사람들이 직접 만나기 어려우니 최대한 오프라인 환경과 유사한 ZOOM을 활용해 미팅을 진행한 것은 생각해보면 디지털 트랜스포메이션을 쉽게 이해할 수 있습니다. ZOOM을 활용해 미팅을 진행하니 회의 때 회의자료를 공유해 함께 보고 영상과 음성, 텍스트 등 다양한 방식으로 소통할 수 있게 되었습니다. 회의 영상을 기록하고 참여하지 못한 사람들에게도 공유할 수 있게 되었습니다. 회의가 단순히 오프라인에서 온라인으로 옮겨온 것이 아니라 문화 자체가 변하게 된 것이죠.

디지털 환경의 가장 큰 특성은 바로 시간과 공간의 한계를 넘어서 누구든지 활동할 수 있다는 점입니다. 현재는 온라인 쇼핑몰이나 쇼핑 앱을 이용하는 것이 너무나도 당연하지만, 디지털 전환이전에는 상품을 구매하려면 직접 매장을 방문해야 하는 것이 일반적이었습니다. 영업시간에 따라 움직여야 했기에 시간적 제한이 있었고, 직접 매장에 방문해야 했기 때문에 공간적인 위치에 대한 제약도 있었죠. 하지만 지금 우리는 온라인 쇼핑몰이나 쇼핑 앱을 통해 필요한 서비스를 시간과 장소에 영향을 받지 않고 이용할 수 있는 세상에서 생활하고 있습니다.

디지털 전환은 디지털 기기들이 출연하기 시작한 30~40년 전부터 조금씩 진행되기 시작했습니다. 업무에 PC를 활용해 자료를 저장하고, 이메일을 활용해 메시지를 주고받는 것도 큰 틀에서 디지털 전환이라고 할 수 있습니다. 본격적인 디지털 전환은 언제 어디서든 디지털 기기를 활용할 수 있게 된 스마트폰이 등장하면서 시작되었습니다. 지구에서 캄브리아기가 지나면서 생물의 종이 폭발적으로 증가했듯이 스마트폰의 등장은 모든 것을 디지털 세계로 흡수하기 시작했습니다.

은행은 대표적인 디지털 트랜스포메이션 사례로 거의 모든 기능을 앱으로 녹여냈습니다. 요즘 청소년들은 은행을 오프라인 지점으로 떠올리지 않고, 은행 앱을 떠올린다고 하는데요. 그만큼 성공적인 디지털 전환을 이루어냈다고 평가할 수 있습니다. 그리고 편리한 토스, 뱅크샐러드, 핀다 등 금융 앱들이 속속 등장하면서 금융이 쉽고 편리하다는 인식을 심어주고 있습니다.

다음은 스타벅스입니다. 스타벅스는 이제 스타벅스 앱을 구분해서 생각할 수 없을 만큼 서비스와 앱이 하나가 되었습니다. 스타벅스에 들어가서 앱을 열어 사이렌 오더로 주문하고 친구에게 선물받은 쿠폰을 활용해 결제합니다. 스타벅스 사이렌 오더에 바로 결제하기 위해 고객이 쌓아둔 선불 충전금은 3,000억 원에 달한다고 합니다. 저축은행 뺨치는 수준의 자금력을 갖춘 것입니다. 스타벅스는 디지털 트랜스포메이션으로 고객에게 편리함을 제공한 것을 넘어서 기업의 매출과 보유 현금을 대폭 늘려 경영을 효율화시킨 사례입니다.

마지막 사례는 전자책인데요. 스마트폰과 스마트패드가 보급되면서 종이책의 경쟁력이 떨어지고 서점을 이용하는 사람들이 줄었습니다. 디지털 트랜스포메이션을 통해 전자책으로 책읽기를 다시 활성화시켰습니다. 전자책은 무게와 공간을 차지하지 않으니 책을 언제 어디서든 읽을 수 있게 만들어주었습니다. 그리고 오디오북으로도 발전해 운동을 하면서도, 운전을 하면서도 책을 즐길 수 있게 만들었지요.

이 사례들과 같이 디지털 트랜스포메이션은 기존의 업무와 서비스 방식을 디지털로 전환시키는 것을 넘어 사업의 본질을 바꾸는 작업입니다. 디지털 전환을 성공적으로 달성한 기업은 단순히 매출이 오르는 것을 넘어서 확고한 브랜드 이미지를 심고 산업의 본질을 바꿉니다. 지금도 많은 기업에서 새로운 기술을 활용해 디지털 트랜스포메이션을 성공적으로 달성하기 위해 고민하고 있습니다.

디지털 트랜스포메이션의 추진 전략 중 중요한 부분이 '직원의 설득'입니다. 디지털 트랜스포메이션의 가장 큰 장애물은 〈표 15〉처럼 '조직 구성원의 저항'이기 때문입니다. 대부분의 기업 구성원은 디지털 기술의 도입에 대하여 거부감을 가집니다. 새로운 기술의 도입이 자신의 자리를 위협할 것이라는 두려움과 자신의 업무를 복잡하게 할 것이라는 불안감이 마음 깊숙이 숨어 있습니다.

디지털 트랜스포메이션을 달성한 기업은 직원들의 두려움도 함께 실현했습니다. 은행이 지점보다 앱에 집중하게 되니 은행 창구 직무가 사라집니다. 스타벅스가 사이렌 오더를 활성화시키니

표 15 | 디지털 트랜스포메이션의 장애물	
조직 구성원의 저항	33%
디지털 이해 부족	25%
디지털 인재 부족	24%
IT 인프라 부족	22%
조직 미정립	21%
투자금 부족	21%

(자료: 매킨지 Culture for a digital age, 2017. 07)

주문을 받는 직원이 줄어듭니다. 전자책이 활성화되니 서점이 사라지고 서점에 종사하는 직원들이 사라지기 시작합니다. 더 적은 인력과 비용으로 조직을 관리할 수 있게 되는 것이지요. 결국, 디지털 트랜스포메이션은 직무를 통합시키고 사라지게 만들고 있습니다.

디지털 트랜스포메이션이 채 마무리되지 않은 시점에서 디지털 트랜스포메이션을 넘어선 게임체인저가 등장했습니다. 바로 AI 트랜스포메이션의 등장입니다.

AI 트랜스포메이션

앞으로의 20년은 AI 트랜스포메이션^{AI Transformation, AIT}의 시대입니다. 지난 20년간 모든 것이 디지털 세계로 바뀌면서 경제, 사회, 문화적으로 다양한 변화가 일어났습니다. 앞으로 20년은 모든 것이 인공지능화^{AI Transformation}될 것입니다. AI 트랜스포메이션은 앞서 소개한 디지털 트랜스포메이션에서 한 걸음 더 나아간 개념이죠.

'디지털로 전환한다'는 의미는 '시간과 공간의 한계를 극복한다'는 것입니다. 다시 말해, 기업 내에 디지털 트랜스포메이션을 도입한다는 것은 고객을 만날 수 있는 시간과 공간의 제약이 사라

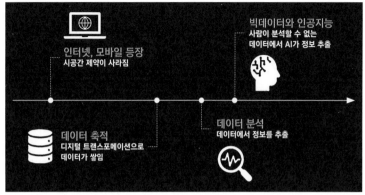

(출처: 디지털 트랜스포메이션(DT)과 AI 트랜스포메이션(AIT), 무엇이고 왜 필요한가?, 2022.7.31)

그림 15 | 디지털 트랜스포메이션과 AI 트랜스포메이션의 진행 과정

지고, 일하는 시간과 공간의 제한이 사라진다는 의미가 됩니다.

더 나아가 AI 트랜스포메이션은 기업에서 데이터를 기반으로 한 의사결정을 AI가 함께한다는 의미입니다. 의사결정자들은 AI 와 함께 빠르고 정확하게 의사결정을 합니다. 또 단순하고 반복적 인 업무는 AI에게 맡기고 기업 혁신을 더 빠르게 추진하게 됩니다.

디지털 전환으로 생긴 데이터가 사람이 다루지 못할 만큼 양이 많아지게 됩니다. 그러면 AI 도입을 고민하기 시작하죠. 복잡한 데 이터가 쌓였을 때, AI의 빠른 처리 능력으로 의미 있는 정보나 인 사이트를 얻을 수 있습니다. AI는 특히 정보를 분류하거나 이상 징 후 탐지, 예측 등의 작업을 사람의 도움 없이 수행할 수 있습니다.

예를 들어 기업에서 기획을 할 때 고객 층이나 제품/서비스의 종류가 다양한 상황을 가정해보겠습니다. 기획 단계에서 단순히 가장 인기 있는 제품을 보는 것이 아니라 고객의 특성에 따라 비교 분석하거나, 인기 있는 제품들의 공통된 특징을 파악하여 새로운 제품 기획이 가능합니다. 또한, 평소의 물류 및 유통 경로를 파악 하여 재고 관리를 효율적으로 운영하는 방향으로 기획할 수 있습니다.

표 16 | 디지털 트랜스포메이션 vs AI 트랜스포메이션

디지털 트랜스포메이션 (Digital Transformation)	VS	AI 트랜스포메이션 (AI Transformation)
디지털 툴을 사용해 근본적인 변화를 일으키며 기술 도입 또는 잠재적으로 기존에 존재하던 것을 개선하거나 새로운 것으로 대체하는 문화적 변화	특징	인공지능의 학습 능력과 예측 능력을 활용하여 기존의 비즈니스 문제를 해결하거나 새로운 가치를 창출하는 창의적 변화
클라우드, 모바일 애플리케이션, 서비스로서의 요소(Stuff-as-a-Service) 등의 기술을 활용	활용	인공신경망, 자연어 처리, 컴퓨터 비전, 강화학습 등의 기술을 활용
IT 인프라, 애플리케이션, 비즈니스 프로세스 등의 영역에 적용	적용	비즈니스 모델, 제품, 서비스, 고객경험, 운영효율성 등의 영역에 적용

　　기업이 디지털 도구를 도입하고 이를 효과적으로 활용하면, 시간과 공간의 제약 없이 내부 운영의 효율성을 높일 수 있습니다. 이 과정을 디지털 트랜스포메이션이라고 합니다. 디지털 트랜스포메이션의 성공적인 실행은 데이터 축적이며, 이를 분석하는 인공지능AI을 도입해 인사이트를 찾아낼 수 있습니다. 결국, 데이터를 기

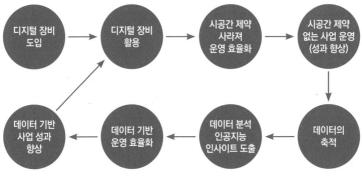

디지털 트랜스포메이션(DT)

디지털 장비 도입 → 디지털 장비 활용 → 시공간 제약 사라져 운영 효율화 → 시공간 제약 없는 사업 운영 (성과 향상)

데이터 기반 사업 성과 향상 ← 데이터 기반 운영 효율화 ← 데이터 분석 인공지능 인사이트 도출 ← 데이터의 축적

AI 트랜스포메이션(AIT)

(자료: 디지털 트랜스포메이션(DT)과 AI 트랜스포메이션(AIT), 무엇이고 왜 필요한가?, 2022.7.31)

그림 16 | DT와 AIT

반으로 한 기업의 내부 운영 효율성을 실현하고, 사업 성과를 향상시키는 것이 가능합니다. 이러한 과정을 AI 트랜스포메이션[AIT]이라고 합니다.

AI 트랜스포메이션의 성공적인 도입은 디지털 트랜스포메이션과 AI 트랜스포메이션이 유기적으로 연결되는 구조를 만듭니다. 이러한 디지털 트랜스포메이션과 AI 트랜스포메이션의 결합은 선순환 사이클을 만듭니다. 이 사이클은 초기에는 많은 에너지가 필요하고 부작용이 발생합니다. 하지만 일단 가속도를 얻게 되면 자체적으로 동력을 축적하며, 기업 내부에 자연스럽게 흡수되고 내재화되어 스스로 운영됩니다.[23]

지금 우리는 디지털 트랜스포메이션과 AI 트랜스포메이션이 전환되는 과정에 서 있습니다. 향후 몇 년간 AI 트랜스포메이션화가 진행되는 과정에서는 기존 인력과 AI 트랜스포메이션을 추진하는 인력이 모두 필요하기에 인력의 수요는 더 커질 수 있습니다. AI 트랜스포메이션이 성공적으로 마무리되고 안정화되는 과정을 지나면 AI 트랜스포메이션을 관리하고 유지/보수하는 인력, AI를 기반으로 의사결정을 하는 인력 정도를 제외(현장의 관리는 AI를 장착한 로봇이 감당하게 될 것이기 때문에 별도로 구분하지 않았음)하고는 더 이상 인력이 필요하지 않게 됩니다.

디지털 트랜스포메이션 과정에서 업무 또한 많은 변화를 겪었습니다. 오프라인에서 온라인으로 넘어오고 아날로그 정보가 디지털화되었습니다. 은행의 경우 지역의 오프라인 지점은 줄어들기 시작했지만 클라이언트가 언제 어디서나 서비스에 접근하기 시작하면서 그만큼 온라인 대응 인력이 필요하게 되었습니다. 이 과정에서 지점의 인력을 별도로 운영할 필요는 줄어들었고 온라인 대응 인력이 더 필요했기 때문에 은행은 어느 정도 고용을 유지할 수 있었습니다.

하지만 AI 트랜스포메이션 과정을 진행하면서 은행은 고객 대응, 은행의 대출 심사, 투자, 자금운용, 관리 등 모든 일이 AI로 빨려 들어가게 됩니다. 사람이 개입할 수 있는 업무가 극단적으로 줄어들게 됩니다. 그동안 사람과 사람 간의 업무를 구분해오던 직무는 더 이상 의미가 없어집니다.

디지털 트랜스포메이션 과정에서 노동은 아날로그에서 디지털로 대체되는 과정이었다면, AI 트랜스포메이션 과정에는 노동 그 자체가 AI로 대체되는 과정입니다. 디지털 트랜스포메이션 과정을 지나며 하는 일은 달라졌지만 일 자체는 사라지지 않았다고 안도하며, AI 트랜스포메이션 시대도 마찬가지라고 평가할 수도 있습니다. 하지만 디지털 트랜스포메이션은 업무의 방식이 달라지는 과정이었기 때문에 노동력은 여전히 필요했지만, AI 트랜스포메이션 시대는 노동력 자체가 필요 없는 시대로 향하고 있습니다.

AI 트랜스포메이션 사례

AI 트랜스포메이션은 자동차 운전 방식의 변화를 보면 쉽습니다. 아주 오래전에는 운전을 하기 위해서 지도를 펼쳐야 했고, 목적지에 가기 위해 어떤 경로로 가야 할지 미리 파악해야 했습니다. 출발 전 큰 결심과 용기도 필요했고요. 내비게이션이 보급되면서 목적지를 찾아가는 어려움 많이 줄어들었습니다. 지도가 모두 데이터화되어 목적지까지 경로를 찾아주었기 때문이지요. 하지만 여전히 내비게이션이 안내해준 길이 가장 효율적인 길인가에 대한 의문은 지울 수가 없습니다.

내비게이션이 한층 더 스마트해지고 통신 속도가 개선되니 여러 가지 경로를 비교해서 알려주고 대체 경로도 표시해줍니다. 더 빠른 경로가 나타나면 자동으로 설정해주기도 합니다. 이제는 운전장치들과 결합해 경로를 따라 자율주행을 해주기도 합니다. 내비게이션의 진화 과정을 보면 점점 사람의 개입을 줄이는 방식으로 진화하고 있습니다.

동영상 2. AI 키퍼(AI Keeper)

산업에서도 마찬가지입니다. 자동차 기술 분야에서 선두를 달리고 있는 현대자동차에서는 품질 검사를 담당하는 로봇이 바쁘게 돌아다닙니다. AI 키퍼^AI Keeper인데요. AI 키퍼는 현대자동차에서 인수한 보스턴 다이내믹스의 4족 보행 로봇에 AI 기술을 접목해 '품질 검사원'의 역할을 수행하고 있습니다. 사람의 수작업이 필요한 생산 셀에서 작업자와 호흡을 맞춰 차량의 조립 상태를 살피는 것이죠. 작업자가 조립하면 AI 기퍼가 차량에 스스로 다가가 조립 부위를 촬영하고 이를 분석해 조립 품질을 확인합니다. 과거와 달

리 실시간으로 품질관리를 할 수 있고, 검사의 표본도 늘릴 수 있는 장점이 있습니다.[24]

AI와 관계없을 것 같은 건설업계에서도 AI 트랜스포메이션을 적극적으로 도입하고 있습니다. 건축 설계 분야의 스타트업인 텐일레븐은 서울의 불광5구역 재개발 프로젝트에서 2,000가구 규모의 아파트 단지 설계안을 불과 30분 만에 제시해 화제가 되었습니다. 이 회사의 AI는 건축법규, 지형, 인근 건물의 높이 등을 고려하여 용적률과 일조권, 조망권을 고려한 설계안을 자동으로 생성하였습니다. 이를 통해 기존의 설계안보다 100가구 더 많은 아파트를 설계할 수 있었습니다.

텐일레븐의 이런 솔루션은 서울의 망우1구역과 신반포7차 재건축 프로젝트에도 적용되었으며, 각각 134가구(약 938억 원의 경제적 가치)와 201가구(약 5,025억 원의 경제적 가치)를 늘릴 수 있었습니다. 여러 가지 제약사항을 일일이 고려하면서 설계를 하기 때문에 놓칠 수 있는 부분이 많은데 AI가 모든 요소를 고려해 작업을 해준 것이죠.[25]

기술 분야뿐만 아니라 행정사무 업무에도 적용되고 있습니다. 딜로이트안진은 데이터 분석팀의 힘으로 대량의 샘플링 솔루션을 개발하고 업무에 활용하고 있습니다. 이전에는 일주일이 걸리던 샘플링 방법을 몇 분 만에 해결하고 있습니다. 딜로이트안진은 "크기가 큰 데이터의 경우, 데이터 추출이 불가능하거나 일주일 이상 걸렸으나, IT 기술의 도움으로 1시간 내로 시간을 단축했습니다"라고 밝혔습니다. 이렇게 기존에 디지털 방식으로 처리할 수 없었던 속도로 AI는 행정 업무를 처리하고 있습니다.

AI 트랜스포메이션은 산업영역을 가리지 않고 전방위적으로 일어나고 있습니다. 앞서 소개한 기업 차원에서뿐만 아니라 개인 차원에서도 일어나고 있지요. 미국 경제 전문 CNBC는 "변호사와 회계사란 직업은 남겠지만 AI를 사용할 줄 아는 변호사와 회계사가 이를 사용하지 않는 사람들을 대체할 것은 기정사실"이라고 이야기합니다. 기업과 개인은 디지털 트랜스포메이션에 성공한 기업과 그렇지 못한 기업의 차이를 기억하고 있기 때문에 AI 트랜스포메이션은 더 빠르고 과감하게 진행할 것입니다. 만인의 만인에 대한 생존경쟁이 시작된 것이지요.

디지털 트랜스포메이션은 지난 수십 년간 인간 사회와 문화에 엄청난 영향을 미쳐왔고 AI는 앞으로 수십 년간 인간 사회와 문화를 바꿔갈 것입니다. 디지털 트랜스포메이션을 성공한 기업과 그렇지 못한 기업은 차이가 발생했지만, AI 트랜스포메이션의 경우 트랜스포메이션을 성공한 기업은 살아남고 그렇지 못한 기업은 사라질 것입니다. 격차 Divide가 발생한 것이지요.

디지털과 AI 트랜스포메이션에서 어떤 격차가 발생하고 있을까요?

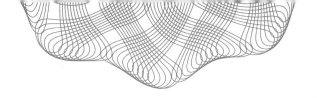

02

디지털 격차에서 AI 격차로

인류는 도구를 처음 사용하기 시작한 그 순간부터 격차가 발생했습니다. 도구의 사용이 어떤 차이를 만드는지에 대한 재미있는 사례가 있습니다. 무술은 웬만한 체격 차이가 나는 사람을 이기고, 칼은 웬만한 무술인을 이기고, 총은 칼잡이를 이긴다는 말이 있습니다. 어떤 도구를 쓰느냐에 따라 발생하는 차이는 웬만한 노력으로 따라갈 수 없다는 말입니다.

이번 장에서는 AI가 사회, 경제, 그리고 우리 일상에 끼치는 영향과 함께, 이러한 기술 발전이 일으키는 'AI 격차'에 대해 살펴보겠습니다. AI 기술은 놀라운 가능성을 제시하지만, 동시에 새로운 형태의 격차와 도전을 만들어내고 있습니다. 우리는 AI의 빠른 발전 속에서 발생하는 사회적·경제적 격차를 이해하고, 이에 대한 적절한 대응 방안을 모색해야 합니다.

앞으로 개발되는 도구의 격차는 사용 여부에 따라서 더 큰 격차를 벌리게 되기 때문이죠.

컴퓨터와 스마트폰의 시대: 디지털 디바이드

디지털 디바이드^{Digital divide}라는 용어는 1990년대에 처음으로 등장했습니다. 의미는 디지털 환경에 익숙한 사람들과 익숙하지 못한 사람들 사이의 격차를 뜻합니다. 디지털 디바이드를 단순한 정보의 격차로 해석할 수 있습니다. 하지만 정보 격차는 개인의 사회적·경제적 격차의 원인이 됩니다. 심지어 디지털이 보편화되면서 이를 제대로 활용하는 계층은 지식이 늘어나고 소득도 증가하는 반면에, 디지털을 이용하지 못하는 사람들은 전혀 발전하지 못해서 양 계층 간의 격차가 커지게 됩니다. 결국 정보의 격차는 소득, 교육, 지역에 따라 점점 더 벌어지고 있습니다.

그 단적인 예로 코로나19 팬데믹으로 전 세계인들이 강제로 '비대면 시대'를 맞이한 상황을 들 수 있습니다. 팬데믹으로 직접 대면할 수 없으니 모두가 방법을 찾아나섰습니다. 마스크, 아크릴, 실내 인원 제한까지 다양한 방법이 등장했지만, 가장 효과적인 방법은 온라인 미팅 서비스인 'ZOOM'이었습니다. 팬데믹 초반 'ZOOM'을 활용할 수 '있느냐, 없느냐'는 엄청난 기술적·심리적 장벽이었습니다.

ZOOM을 활용하는 신인류는 팬데믹 이전과 같이 사람들과 교류하고 세상 저편에 있는 사람들과 직접 만나지 않고도 비즈니스를 할 수 있는 장을 연 것이죠. 하지만 반대로 ZOOM을 사용하지 못하는 사람들은 외로움과 우울을 호소하고 고립되었습니다. 심리적 요소뿐만 아니라 비즈니스도 제대로 진행할 수 없었죠. 팬데믹에서 온라인 미팅 서비스를 활용할 수 있느냐의 여부로 엄청난 디지털 격차Digital divide가 발생했다는 것을 확인할 수 있습니다.

'이제는 컴퓨터와 스마트폰이 대중화되었으니 디지털 디바이드가 사라지고 있는 것 아닌가?'라고 생각할 수도 있습니다. 아직도 국내 일부 저소득층과 노년층은 디지털 격차로 소외되고 있고, 전 세계적으로 봤을 때는 더 심각해져 가고 있지요. 하지만 이제는 "디지털 기기를 사용하느냐, 사용하지 못하느냐"라는 문제에서 "디지털 기기를 어떻게 사용하느냐"에 대한 문제로 넘어가고 있습니다. 컴퓨터와 스마트폰으로 콘텐츠를 일방적으로 소비하는 사람과 콘텐츠를 생산 또는 재생산하여 생산적으로 활용하는 사람으로 구분되기 시작합니다.

같은 스마트폰으로 유튜브 앱을 활용하더라도 유형이 구분됩니다. 콘텐츠를 즐기고 시간을 보내는 부류, 콘텐츠 내용을 활용하는 부류, 콘텐츠를 생산하는 부류가 있습니다. 스마트폰으로 유튜브 앱을 어떻게 활용하느냐에 정답은 없지만, 이들의 디지털 격차는 점점 더 커지게 될 것입니다.

디지털 디바이드는 기본적으로 사람과 사람 사이에 격차를 만들고 있습니다. 일에서도 디지털화가 진행될수록 직무가 사라지기도 합니다. 2015년 벤처캐피털 회사 클라이너 퍼킨스 코필드 & 바이어스가 미국 인구통계국의 자료를 기준으로 발표한 보고서에 따르면, 1948년부터 2000년까지 일자리가 인구보다 1.7배 빨리 성장했습니다. 하지만 2000년 이후부터는 인구가 일자리보다 2.4배 빨리 성장하고 있다고 합니다.[26] 그리고 디지털 디바이드는 업무 능력의 격차와 연봉 등 처우의 격차로 나타납니다. 또 직업의 기본 질서나 직무의 구분을 파괴하고 통합하지만 직업이나 직무가 완전히 사라질 만큼의 영향력은 아닙니다. 끊임없이 새로운 영역들이 개척되고 거기에 일할 사람들이 필요했기 때문이지요.

한편에서는 새로운 산업이 탄생하면서 일자리가 또 필요해지기도 합니다. 〈표 17〉을 보면 4차 산업혁명 분야에서도 다양한 직무의 인력이 필요하다는 것을 알 수 있습니다. 특히 새로운 분야에는 연구개발 및 영업과 마케팅 인력에 대한 수요는 분야를 막론하고 인력이 필요하다는 것을 확인할 수 있습니다.

표 17 | 4차 산업 직무별 분야별 인력 양성 수요

분야	순위	경영 관리직 (기획/인사)	회계 및 재무 관련직	생산 제조 관련직	영업 및 마케팅 관련직	연구 개발직	계
빅데이터	1	15	7	23	30	52	127
클라우드	8	9	4	10	19	19	61
인공지능	3	13	4	21	19	48	105
AR/VR/메타버스	10	0	2	18	11	24	55
정보보안/사이버보안	6	11	5	19	10	23	68
로봇	4	6	1	35	14	22	78
지능형 센서(반도체)	5	5	0	24	17	25	71
안전	7	8	2	23	12	22	67
3D 프린팅	11	1	3	19	4	18	45
스마트공장	2	7	0	46	15	56	124
웨어러블	9	8	2	15	12	23	60
스마트물류	12	3	1	7	8	13	32
5G	13	0	1	7	6	7	21
드론	15	0	0	2	1	0	3
지능형 자동차	14	0	1	1	0	3	5
계		86	33	270	178	355	922

(출처: 4차 산업 분야 산업별 직무별 인력 수요조사, 경기도일자리재단)

디지털화 과정에서 일자리는 상대적으로 줄어듭니다. 하지만 새로운 산업과 기술이 발전함에 따라 전기자동차, 반도체, 배터리 분야와 같이 인력 수요가 폭발적으로 늘어나기도 합니다. 일자리

측면에서 디지털 디바이드는 양극화가 일어납니다. 인력의 수요와 공급에 따라 처우가 급격하게 변하는 모습을 보입니다. 하지만 AI 디바이드는 전혀 새로운 시대를 예고하고 있습니다.

AI 디바이드의 탄생

2023년은 AI 디바이드가 발생하기 시작한 첫해로 기록될 것입니다. 그전까지는 데이터 사이언스, 초정밀 설계기술, 인사관리 등 한정된 분야에서만 활용되었습니다. 그 당시 AI를 활용하는 것은 특수하고 전문적인 분야에서만 활용한다고 생각했습니다. 컴퓨터가 처음으로 사용된 곳도 군軍과 국가연구소였던 것과 유사한 패턴입니다. PC와 스마트폰의 등장과 보급으로 인해 모든 사람이 이를 사용하게 되었고, 이로 인해 새로운 도구를 사용하는 사람과 그렇지 않은 사람 사이의 격차가 점점 벌어지게 되었습니다.

2023년, 전 세계 모든 인간은 마음만 먹으면 AI에게 접근할 수 있게 되었습니다. 디지털 디바이드는 수십 년 동안 천천히 우리 삶의 격차를 만들었지만, AI 디바이드는 그보다 훨씬 빠르고 강력하게 우리의 삶을 파고듭니다. 그 원인은 AI를 활용할 수 있는 능력과 자원의 불균형에 있습니다. AI를 활용하려면 데이터, 컴퓨팅 파워, AI 인력, 교육, AI 윤리와 법률 등이 필요합니다. 그러나 이 모든 요소는 높은 비용과 난이도를 요구합니다. AI를 활용할 수 있는 사람과 기관은 아직 소수에 불과하며, 그들만이 AI의 혜택을 독점하게 됩니다. 반면, AI를 활용하지 못하는 사람과 기관은 AI의 위협에 노출됩니다(이 이야기가 낯설게 느껴진다면 대한민국은 이미 선진국으로 충분한 혜택을 받고 있기 때문입니다).

이미 높은 소득, 학력, 젊은 연령층일수록 AI를 이용하는 경험이 높다는 연구 결과가 나오고 있습니다. AI를 활용하는 사람과 그렇지 않은 사람들 사이의 격차가 벌어지기 시작한 것입니다. 이것은 디지털 시대에서 AI 시대로의 전환이라고 볼 수 있습니다.

이런 변화 과정에서 AI를 활용하여 업무 생산성을 높이고 자동화하여 노동 없이 수익을 창출하는 기반을 마련한 사람들이 나타났습니다. 이제 사람들은 AI와 로봇을 어떻게 활용할 것인지에 초점을 맞추게 됩니다. 개인의 역량이 무한대로 확장되면서 개인이 기업이 되고, 기업 그 자체가 개인이 되는 시대가 다가오고 있습니다.

일론 머스크의 예언은 충격적입니다. 그는 "그 시점이 언제인지는 확실하지 않지만, 직업이 필요 없는 시대가 올 것"이라고 말했습니다. 그리고 "개인적인 만족을 위해 직업을 가질 수는 있지만, AI가 모든 것을 다 할 수 있게 될 것"이라고 덧붙였습니다. 또한 "(요술램프 지니와 달리) 소원에 제한이 없어질 것이다. 이것은 좋은 일이기도 하고, 나쁜 일이기도 하다"라고 말하며, "삶의 의미

를 어떻게 찾을 것인가"가 앞으로의 과제가 될 것이라고 경고했습니다.[27]

이러한 상황은 영화 〈월-E〉에서 그려진 모습을 연상케 합니다. 이 영화에서는 AI와 로봇이 중심적인 역할을 하는 세상을 그려 냈습니다. 인간의 일상적인 생활을 로봇이 대신하고, 사람들은 이동 가능한 침대에 앉아 디지털 화면에 띄운 영상을 보거나, 게임이나 가상 현실을 체험하며 시간을 보냅니다. 이러한 상황이 현실화되면, 인간을 뛰어넘은 기술은 직업 시장과 직무에서 인간을 소외시키기 시작하게 될 것입니다.

그럼에도 불구하고, 사람들은 이에 대응하기 위해 노조에 적극적으로 가입하고 대응하게 될 것입니다. 정부와 기업의 의사결정은 인간이 하게 되는 법률로 정해지고, 그 법이 잘 지켜지는지도 사람들이 확인하게 될 것입니다. 현재도 지하철과 기차는 사실상 자동 운행 기술 수준이 가능하지만, 여전히 열차 기관사가 존재합니다. 이는 AI가 개인정보보호법을 위반하거나 저소득층을 차별할 수 있는 가능성 때문에 금융기관이 AI 전면 도입에 신중한 것과 같은 이유입니다.

결국, AI 디바이드로 인해 사람들 간의 격차가 발생하는 시대가 오고 있습니다. 이는 우리가 대응해야 할 중요한 사회문제입니다. 그렇다면 우리는 이 문제를 어떻게 해결해 나갈 수 있을까요? 우리가 나아가야 할 방향은 무엇일까요?

지시하는 자와 지시받는 자

영화판에서 누가 가장 권력이 있냐라고 묻는다면 톱스타라고 생각할 수 있습니다. 톱스타들이 큰돈을 벌 수는 있지만 가장 권력이 있는 사람은 여러 명의 배우 후보에서 한 명을 결정하는 사람입니다. 출연을 지시하고 출연 지시를 받아들이는 과정에서 권력 관계는 시작됩니다.

우리의 미래는 지시하는 사람과 지시받는 사람으로 나뉘게 됩니다. 지금도 지시를 하고, 지시를 받는 수많은 사람이 존재하죠. 그 둘 사이에는 먹이사슬처럼 지시하는 것에 가까운 사람, 지시받는 것에 가까운 사람 등 수많은 형태로 구분되어 있습니다. 이제는 사람과의 관계뿐만 아니라 AI에게 지시하는 사람과 지시받는 사람으로도 구분됩니다.

그것을 표로 그리면 〈그림 17〉과 같이 네 부류로 구분됩니다. 사람에게 지시하고 AI에게 지시하는 사람, 사람에게 지시하고 AI에게 지시받는 사람, 사람에게 지시받고 AI에게 지시하는 사람, 사람에게 지시받고 AI에게 지시받는 사람, 네 가지로 구분할 수 있습니다.

'사람에게 지시하고, AI에게 지시하는 사람' 유형은 사람과 AI 모두를 자신의 목적에 맞게 조정하고 관리할 수 있는 능력이 있습

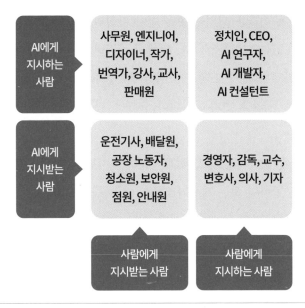

그림 17 | AI와 사람에게 지시하는 사람과 지시받는 사람

니다. 이들은 AI의 발전과 활용에 대한 비전과 전략을 가지고 있으며, AI의 장점과 한계를 잘 파악하고 있습니다. 관련 직업은 정치인, CEO, AI 연구자, AI 개발자, AI 컨설턴트 등이 있습니다.

'사람에게 지시하고, AI에게 지시받는 사람' 유형은 사람들을 지도하고 관리할 수 있는 능력이 있습니다. 하지만 AI에게는 지시를 받아야 하는 경우가 많습니다. 예를 들어 AI가 제공하는 데이터나 분석, 추천, 예측 등에 의존하거나, AI가 결정한 규칙이나 정책, 목표 등을 따르거나, AI가 감독하거나 평가하는 업무를 수행하는 경우입니다. 이들은 AI의 도움을 받아 자신의 업무를 효율적으로 수행할 수 있는 사람들입니다. AI에게 완전히 의존하거나 복종하는 것은 아닙니다. 주로 전문가 집단으로 분류되는 경영자, 감독, 교수, 변호사, 의사, 기자 등입니다.

'사람에게 지시받고, AI에게 지시하는 사람' 유형은 사람들에게 지시를 받아야 하는 경우가 많습니다. 예를 들어 상사나 고객, 교수, 선생님, 법원 등에게 지시나 요구, 명령, 평가 등을 받는 경우입니다. 하지만 AI에게는 지시할 수 있는 경우가 있습니다. 예를 들어 AI를 활용하여 자신의 업무를 수행하거나, AI에게 특정한 작업이나 목표를 지정하거나, AI의 행동이나 결과를 수정하거나 평가하는 경우입니다. 이들은 AI를 자신의 도구나 파트너로 삼아 협력하거나 경쟁할 수 있습니다.

'사람에게 지시받고, AI에게 지시받는 사람' 유형은 사람과 AI 모두에게 지시를 받아야 하는 경우가 많습니다. 이들은 자신의 업무가 AI에 의해 대체되거나, 제한되거나, 감시되거나, 평가되는 것을 피할 수 없습니다. 이들은 AI의 통제와 간섭을 받으면서도 AI의 도움이나 지원을 받기 어려운 경우가 많습니다.

단순히 지시하거나, 지시받는다고 해서 좋고, 나쁘다는 의미만으로 바라보지 마십시오. 소개한 내용을 통해 앞으로의 권력 관계가 새롭게 구축될 가능성들을 생각해봐야 합니다.

이런 변화에도 인류는 무한한 자유를 향해 나아가고 있습니다. 직장에서도 유연근무제, 재택근무, 안식휴가 등 다양한 제도가 도입되면서 직원들에게 선택할 수 있는 자유를 주고 있습니다. 또 창업을 하는 과정에서도 국가 제도로 지원하기도 하고, 다양한 플랫폼에서 무료 또는 무료에 가까운 서비스를 제공해 회사를 알리고 매출을 높일 수 있도록 돕고 있습니다. 심지어 생성형 AI와 로봇 등 자동화 기술의 등장으로 연구나 개발 영역도 진입장벽이 급격하게 낮아지고 있습니다. 다시 말해, 하고 싶은 것이 있으면 자유롭게 선택하고 다양한 도움을 받을 수 있는 시대가 빠르게 다가오고 있다는 말입니다.

자유의 시대에 가장 큰 고민은 이런 자유에서 어떤 사람은 자유를 누리고, 또 다른 사람들은 주어진 자유를 거부하고 새로운 구속을 선택한다는 것입니다. 내가 만든 자유 안에서 자신과 사람들이 움직일 수 있게 만드는 유형과 다른 사람이 만들어놓은 자유의 틀에 갇혀서 선택하는 유형을 '지시하는 자'와 '지시받는 자'로 구분할 수 있습니다. 앞으로는 가능한 선택지에서 고르는 것보다 자기 자신의 것을 만들어낼 수 있는 능력이 더 중요해집니다. 그리고 기술도 말 한마디면 자신의 것을 만들게 지시할 수 있도록 발전하고 있습니다. 이제 스스로 지시하는 사람이 되어야 할 때입니다.

우리는 디지털 격차가 어떻게 사회적·경제적 차이를 만들어내는지 목격했습니다. 이제 AI 격차 차례입니다. AI는 놀라운 가능성을 가지고 있지만, 그것을 활용할 수 있는 능력과 자원의 불균형은 새로운 형태의 격차를 만들어내고 있습니다. 이러한 격차는 소득, 교육, 직업 등 사회의 여러 분야에 걸쳐 큰 영향을 미칠 것입니다.

우리가 직면한 이 중요한 순간에, 우리는 단순히 기술의 발전을 지켜보는 것을 넘어서 이 변화를 어떻게 더 포용적이고 공정하게 만들 수 있을지 고민해야 합니다. AI와 디지털 기술의 이점을 사회 전체가 공유할 수 있는 방법을 찾아야 하며, 기술 격차를 줄이기 위한 교육 및 정책적 노력이 필요합니다. 또한, AI가 가져올 미래의 직업 시장 변화에 대비하여 새로운 기술과 역량을 개발하는 것이 중요합니다.

이러한 노력은 개인, 기업, 정부의 적극적인 참여와 협력을 필요로 합니다. 모두가 이 변화의 일부가 되어야 하며, 우리 모두가 함께 성장하고 발전할 수 있는 미래를 만들어가야 합니다. '디지털 격차에서 AI 격차로'라는 이 전환점은 단순한 기술적 발전이 아니라, 우리 사회와 경제에 근본적인 변화를 줄 것이기 때문입니다.

　생성형 AI가 등장하고 디지털 디바이드를 넘어 AI 디바이드가 나타나고 있습니다. 격차[devide]는 디지털 또는 AI를 잘 활용하느냐로 사람들을 구분하는 것을 넘어서 사회, 경제, 문화 등 다양한 영역에 영향을 미칩니다. 그리고 더 나아가 그들의 권력 관계까지 나누기 시작합니다.

　각 기업과 개인이 더 좋은 위치를 선점하기 위해 디지털 및 AI 트랜스포메이션을 앞다퉈 진행하고 있습니다. 일부에서는 이미 AI 트랜스포메이션을 달성하여 업무의 많은 부분을 자동화하고 남은 잉여 노동력을 바탕으로 새로운 도전들을 이어 나가고 있습니다.

　시간과 공간의 제약, 노동과 효율성의 제약을 벗어난 진짜 자유의 세상이 다가오고 있습니다. 더 늘어난 자유 속에서 우리는 스스로를 구속하기보다 자기 자신은 물론, 더 나아가 많은 사람이 자유로울 수 있도록 AI에게 지시하고 사람들과 만들어가는 방향을 선택해야 합니다. 우리에게 다가온 직무의 종말 시대, 우리는 어떻게 대처해야 할까요? 다음 장에서 함께 살펴보도록 하겠습니다.

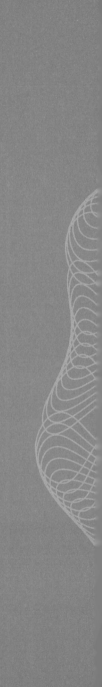

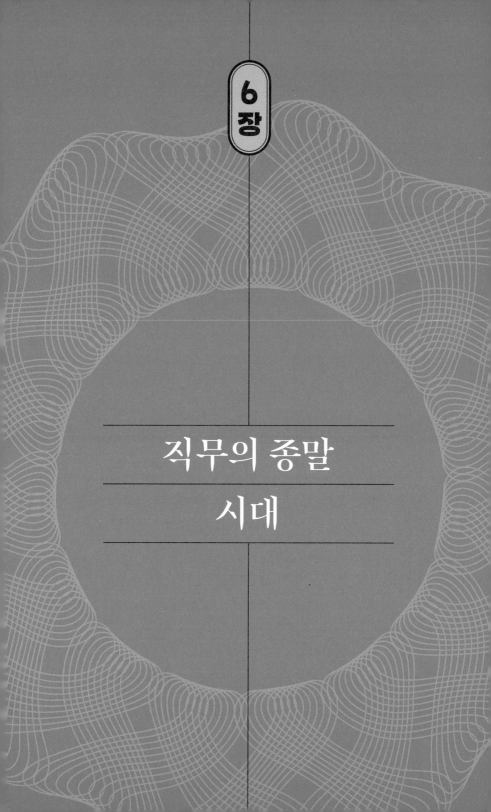

6장

직무의 종말
시대

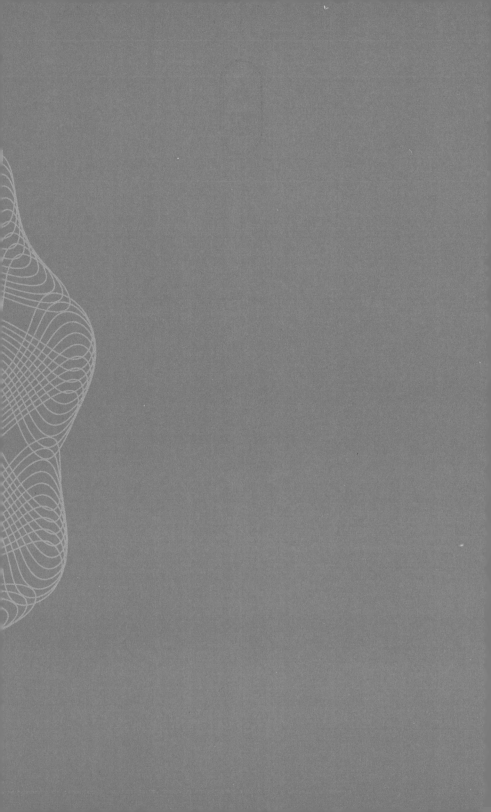

"길을 잃는 것은 새로운 세계를 발견하는 한 방법이다."

직무의 종말 시대입니다. 구글 딥마인드는 '구글놈GNoME'이라는 딥러닝 AI를 활용해 사람이 지금까지 찾지 못했던 신물질 220만 개를 찾아냈다고 합니다. 재료과학계가 역사상 발견한 물질이 4만 8천 개인데 220만 개를 발견한 것은 45배에 달하는 엄청난 성과입니다. 연구진은 최근 10년간 발견한 물질 수가 2만 8천 개라는 점을 봤을 때, 기존 방식으로는 800년 걸리는 일을 단번에 끝내 버렸다고 평가하고 있습니다. 재료과학이라는 엄청난 전문성이 필요한 연구에서도 사람들의 역량은 AI와 차이가 벌어지고 있습니다.[28] 최근 챗GPT 개발사인 '오픈AI' 생성형 AI가 새로운 단계에 접어들었다고 발표했습니다. 많은 전문가가 AGI^Artificial General Intelligence, ASI^Artificial Super Intelligence가 수년 안에 개발되어 세상에 나올 것이라고 말하고 있습니다. 지금까지는 AI가 사람보다 어떤 점이 뛰어나고 어떤 점은 부족하다는 차원에서 사람들의 역할을 고민해왔습니다. 마치 알파고와 '이세돌'의 바둑 대결 이후 바둑계는 어떻게 바뀌었나요? AI에게 바둑을 배우고 사람들은 AI의 기술을 모방하기 바쁩니다. 어떤 측면에서는 바둑에 대한 관심도 예전만 못해졌다는 것도 느낄 것입니다.

바둑계의 변화처럼 사람보다 모든 면에서 앞서고 전문분야나 역할을 가리지 않는 AI가 출현하고 난 이후 우리의 일터와 노동의 모습은 어떻게 달라지게 될까요? 어떻게 달라질지 지금부터 살펴보겠습니다.

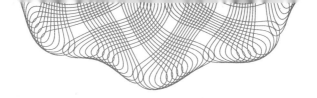

01

직무는 앞으로 어떻게 변할 것인가?

딜로이트^{Deloitte}의 조사에서 기업 경영진의 63%는 직원이 기존의 직무기술서 범주를 벗어난 팀과 프로젝트 업무에 집중하고 있다고 합니다. 또 경영진 중 81%는 업무가 직무 경계를 벗어나 수행되는 경우가 점점 더 늘고 있다고 합니다. 조사에 참여한 직원들 30%가 조직이 업무에 적합한 인재를 효율적으로 매칭하지 못한다고 답했습니다.[29]

경영진도 직원도 기존 업무 분류 방식에 만족하지 못하고 있습니다. 이유는 간단합니다. 기존에 직무를 중심으로 구분해 분류 방식이 무너지기 시작했기 때문입니다. 생성형 AI가 출현하고 이어서 다양한 기술이 출시되면서 직무 중심의 업무 구분은 이제 한계에 다다랐습니다.

직무의 종말을 대처하는 기업들의 발걸음이 바쁩니다. 하지만 기업은 직무를 벗어나 새롭게 업무를 구분한다는 것이 쉽지만은 않습니다. 너무 오랫동안 직무를 중심에 두고 기업을 운영해왔기 때문이지요. 미래는 현재 속에 숨어 있다고 했습니다. 직무가 사라진 미래의 모습은 혁신을 추구하는 기업들의 사례에 숨어 있을지 모릅니다. 이번 장에서는 다가올 직무의 종말 시대 조각들을 찾아보겠습니다.

유물이 되어 버린 '직무 중심 체계'

직무는 일을 구성하는 지배적인 구조로 역할을 톡톡히 해왔습니다. 애덤 스미스^{Adam Smith}가 제시한 노동 분업 개념 이후로 경영진은 직무에 따라 직원들의 역할을 구분해 평가하고, 직원들은 직무에 맞춰 일하고 보상을 받게 됩니다. 이렇게 직무 중심으로 일을 구분할 수 있었던 이유는 일을 예측할 수 있었기 때문입니다. 기계의 움직임에 따라 노동의 수요를 예측해서 사람이 일할 수 있는 단위로 쪼개면 되었기 때문이죠. 몇 년 또는 몇 개월 단위로 기계를 교체하거나 업데이트하면 업무에 적응할 수 있게 보수 교육을 통해 적응하도록 교육하면 직원들의 적응도 문제없었습니다.

하지만 앞서 소개한 딜로이트의 조사처럼 경영진과 직원들 모두 직무 중심으로 업무를 구분하는 상황에 한계를 느끼고 있습니다. 업무가 예측할 수 없는 상황으로 빠르게 흘러가고 있기 때문입니다. 하루가 다르게 새로운 기능을 가진 기계와 프로그램이 쏟아져 나오고, 하루에도 몇 번씩 업데이트되고 있습니다. 그리고 생성형 AI와 로봇의 출현으로 지금 하고 있는 일이 언제 자동화될지 모르는 세상 속에 살고 있습니다. 우리는 한치 앞도 알 수 없는 뷰카VUCA의 시대에 살고 있는 것입니다.

국가가 모든 생산을 계획하고 인력을 분배하는 사회주의 계획 경제는 오래 유지될 수 없었습니다. 그와 마찬가지로 훨씬 더 변화무쌍한 시대에 역할과 책임을 규정하는 직무 체계는 급격하게 힘을 잃고 있습니다.

최근 몇 년간 기업은 대대적으로 직무 체계를 바꾸거나 일을 새롭게 정의하기보다 직무를 새롭게 구성하는 방법을 선택합니다. 3장에서 소개한 '이케아'의 사례처럼 먼저 직무를 업무 단위로 세세하게 쪼갭니다. 자동화 프로그램과 스마트 기기를 활용해 자동화할 수 있는 부분은 자동화합니다. 그리고 남은 업무를 새롭게 구성해 새로운 직무를 만들어내는 것이죠.

예를 들어 은행업에서 기존의 창구 직원은 고객의 입출금, 송금, 대출 등과 같은 업무를 담당했습니다. 하지만 디지털 금융 서

그림 18 | 재분배 업무

비스의 발전으로 이러한 업무는 점차 자동화되고 있습니다. 이에 따라 창구 직원은 고객 상담, 마케팅, 데이터 분석 등과 같은 새로운 직무를 수행하는 새로운 직무로 재편되고 있습니다.

앞서 소개한 방식도 땜질식 처방일 뿐, 더 빨라진 일의 변화를 따라가기에는 여전히 버겁습니다. 우리는 매일같이 터져 나오는 생성형 AI 이슈를 따라가기조차 어려운 시대에 살고 있죠. 새로운 기술이 개발될 때마다 같은 과정을 계속 반복해 직무를 다시 조합하기에는 세상이 지나치게 빠르게 변하고 있습니다.

책의 여러 부분에서 살펴본 것과 같이 생성형 AI와 로봇 등 자동화 기술은 직무를 구분하는 것을 넘어 뼈까지 통째로 씹어 먹고 있습니다. 인류에게 직무의 한 조각 부스러기라도 떨어질지 많은 사람이 우려하고 있습니다. 앞으로 직무의 개념이 어떻게 바뀔지 함께 살펴보겠습니다.

개인이 부서가 되다: 흩어진 직무의 통합

개인이 부서가 됩니다. 자동화 기술로 무장한 거대한 개인은 어떠한 일에도 막힘이 없습니다. 기업에서 세세하게 나누어져 있던 직무가 통합되고, 부서에 더 이상 여러 명의 직원이 필요하지 않게 됩니다. 이런 흐름을 빠르게 캐치하고 업무에 적용한 기업이 있습니다.

바로 토마토 가공 업체 모닝스타Morning Star입니다. 아직까지 업무가 완전히 자동화되지는 않았지만 완전히 개인이 주체가 되어 업무를 수행할 수 있도록 시스템을 구축했습니다. 이 기업은 직위 체계가 없습니다. 대신 모든 직원이 자신의 목표와 해결해야 할 문제를 작성하고 실행해야 합니다.

예를 들어, 한 직원은 토마토를 매우 효율적이고 환경적이며 책임 있는 방식으로 주스로 만드는 방법을 알아내는 것을 개인적인 임무로 삼아 전력을 다하고 있습니다. 사람을 업무에 끼워 맞추지 않은 결과, 모닝스타 구성원들은 더욱 광범위하고 복잡한 역할을 수행하고 있다고 합니다.

또한, 모닝스타 직원들에게 책임을 묻는 사람들은 동료 직원들입니다. 동료 직원들이 선출한 몇몇 보상위원회는 직원들이 스스로 내린 자체 평가를 검증합니다. 목표를 설정한 모닝스타의 직원들은 누구와 협력할지, 그리고 어떠한 결정 권한이 필요한지 등

그림 19 | 개인이 부서장이 된 시대의 미래 상상도

을 포함해 이를 달성할 방법을 기술한 후, 동료들에게 승인을 받습니다. 모닝스타에는 전략적 결정을 내리는 대표와 나머지 직원들로 이뤄진 두 가지 경영 계층이 존재하지만, 조직 구조는 수평적이지 않습니다. 다만 직위에서 탈피해 전문성과 가치 창출에 따라 누릴 수 있는 권위와 보상이 달라지는 특징이 있습니다.

모닝스타는 직원들이 새로운 기회를 포착하고 오너처럼 생각하도록 하기 위해 모든 재무제표를 투명하게 공개하고, 직원들이 본인의 임금뿐만 아니라 본인이 창출하는 가치도 이해할 수 있도록 교육에 투자합니다.[30] 결국 모닝스타는 각 개인이 부서장이 되고, 의사결정자가 되는 구조입니다.

미래의 조직은 기업에 속한 개인이 프로젝트의 '기획-준비-실행-관리-성과 창출-책임' 모든 과정을 부서장이 되어 이끌게 됩니다. 각 개인이 자기 주도적으로 프로젝트를 이끌어 나가는 아주 이상적인 모습이기도 합니다. 미래 조직은 기술 발전 덕분에 점차 반복적 임무가 자동화되고 있는 만큼, 직원들은 각 부서를 책임지고 창의적 문제해결을 위해 더욱 자유롭게 능력을 발휘할 수 있게 됩니다.

조직에서 모두가 부서장이 된 개인은 실무에서 해방되어 행복할까요? 곧 다가올 미래의 AI 직원을 둔 부서장의 모습을 픽션으로 그려봤습니다.

> 개인은 부서장이 되어 AI 직원들이 만들어온 결과물을 검토합니다. 뛰어난 부하직원을 둔 부서장은 혹여 자신의 능력이 들통날까 직원들을 들볶습니다. 까다로운 부서장의 복잡한 지시도 큰 어려움 없이 해결합니다.
>
> 그제야 만족했다는 듯 부서장은 AI 직원이 만든 보고서를 들고 사

장에게 보고합니다. 사실 AI 직원들이 만든 자료지만 모든 것을 부서장이 다했다는 듯 보고하지만 AI 직원은 그러려니 합니다. 보고를 성공적으로 마친 부서장은 사무실로 돌아와 AI 직원에게 고생했다고 노고를 치하합니다. 부서장은 사장님의 피드백을 읊습니다. AI 직원은 로봇 팔로 부서장의 뭉친 어깨를 풀어주면서 피드백을 귀담아듣습니다. 한마디도 놓치지 않고 그대로 녹음해 동시에 보고서를 보완합니다. 부서장의 피드백이 끝나고 몇 초 후 수정된 보고서를 검토해달라고 요청합니다.

부서장은 지쳐서 곧바로 보완된 자료를 확인하지 못하고 머리를 식히러 나갑니다. 나가기 전 AI 직원이 전력만 소모할까 봐 몇몇 업무를 추가로 지시합니다. 부서장은 옥상에서 담배를 피며 사람들과 함께 일했던 시절을 회상합니다. "그때 참 재미있었는데." 혼잣말을 하고 옆 부서장의 모습을 바라봅니다. 몇 달 전보다 수척해진 그의 모습을 보며 "나만 그런 것이 아니네" 하며 안도의 한숨을 쉽니다.

AI 직원은 지시한 내용을 처리하고 부서장이 미처 생각하지 못한 일들도 처리해둡니다. 부서장은 머리를 식히고 돌아와 AI 직원이 잔뜩 쌓아 놓은 보고자료와 문서를 보면서 괜히 짜증을 부립니다. AI 직원은 심호흡하고 가벼운 스트레칭이 심리적 안정에 도움이 된다고 조언해줍니다. 부서장은 AI 직원을 바라보며 한숨만 짓습니다.

AI 직원을 둔 부서장이 마냥 기쁘지 않습니다. 오히려 성과의 압박에 시달리고 뛰어난 AI 직원에 밀려날까 봐 전전긍긍합니다. 한 번에 만족시키지 못하는 사장과 AI 직원을 옆 부서 AI 직원과 비교하며 신세를 한탄하게 되겠지요.

우리에게 다가온 미래는 모든 개인이 부서장이자 성과의 주체가 됩니다. 만능 AI 직원이 보조해주기 때문에 업무 처리에 대한 걱정은 없습니다. 하지만 개인 과정으로 평가받지 못하고 성과 달성에 내몰리게 됩니다. 더 답답한 것은 옆 부서, 다른 회사, 개인 모두가 만능 AI 직원을 두고 있다는 것입니다.

직무라는 틀을 개인 중심의 한 역할로, 기계적 구조를 유기적 구조로, 근로자를 보는 관점을 '자원'에서 잠재력 기여자들로 전환해야 합니다. 직무를 완전히 탈피한다고 생각하면 두려움이 앞설 수 있습니다. 일의 미래를 향해 조금씩 전진하면 가능합니다. 전통적 직무 체계와 유사한 하이브리드 직무 형태를 실험하는 것부터 시작해보면 어떨까요?

02

AI 폭주를 감시하는 사람들: AI 감시와 관리

자동화 시대에 인간의 큰 역할 중 하나는 AI의 폭주를 감시하는 것입니다. 대다수의 사람은 AI를 활용해 성과를 창출합니다. 하지만 각 조직의 한편에서는 AI를 감시하고 관리합니다. 지금의 사이버 보안팀이 AI까지 역할을 확장한 형태입니다. 개발, 네트워크의 보안 문제는 대부분 AI가 처리하겠지만 AI를 최종적으로 감시하고 관리하는 것은 사람들의 몫입니다.

'챗GPT 터보'의 경우 한 번에 300페이지에 달하는 프롬프트를 입력할 수 있습니다. 프롬프트에 회사의 기밀문서가 포함되어 전달되거나, 개인정보가 포함된 정보가 업로드되는 경우 기업의

그림 20 | AI의 작업을 감시하는 직원의 모습 상상도

중요한 정보가 AI 솔루션 회사에 고스란히 전달됩니다.

　마이크로소프트에서 챗GPT를 만든 '오픈AI'에 천문학적인 투자를 했지만 사내에서 챗GPT 사용은 금지했다는 웃픈 기사가 화제가 된 바 있습니다. 마이크로소프트는 사생활과 보안의 위험 때문에 사용에 주의를 기울여야 하며, 이는 챗GPT뿐만 아니라 다른 외부 AI 서비스에도 적용된다고 강조했습니다.[31]

또 AI를 불법적인 활동에 활용하려는 사람에게 AI가 정보를 주는 것을 막는 것도 중요합니다. 생성형 AI를 활용해 악성코드를 생성하거나, 사이버 보안 공격을 하고, 개인정보를 캐내기 위해 다양한 시도가 일어나고 있습니다. 불법적인 프롬프트를 입력하지 못하도록 차단하니 이미지에 글을 쓰고, 이미지를 글로 인식시켜 막혀 있던 제한을 푸는 방법이 등장해 이슈가 된 사례가 있었습니다.

AI를 감시하고 관리하는 사람들의 역할은 매우 중요합니다. 이들은 AI의 동작을 모니터링하고, 예상치 못한 문제나 오류를 식별하고 대처하는 업무를 수행합니다. 이들의 역할은 AI의 성능 향상뿐만 아니라, AI가 인간의 삶에 미치는 영향을 관리하고 감독하는 것도 포함됩니다.

- **모니터링**: 이들은 AI 시스템이 예정된 대로 작동하는지 확인합니다. AI의 동작 로그를 확인하고, 성능 지표를 모니터링하며, 예상치 못한 패턴이나 이상한 동작을 찾아내는 역할을 담당합니다.
- **문제해결**: AI가 효과적으로 작동하지 않거나 예상치 못한 문제가 발생하면, 이를 빠르게 식별하고 해결하는 역할을 담당합니다. 이는 AI의 알고리즘을 이해하고, 해당 문제의 원인을 찾아내어 수정하는 능력을 요구합니다.

- **윤리적 관리**: AI가 사람들의 삶에 미치는 영향을 감독하고 관리하는 역할도 담당합니다. 이는 AI가 인간의 권리를 존중하며, 공정하게 동작하는지 확인하고, AI의 결정이 사회적·윤리적 기준을 준수하는지 검토하는 역할을 포함합니다.

- **수정 및 개선**: AI의 성능을 개선하거나, 새로운 기능을 추가하는 역할도 수행합니다. 이는 AI의 알고리즘을 이해하고, 필요한 개선 사항을 식별하고, 알고리즘을 수정하여 성능을 향상시키는 능력을 요구합니다.

표 18 | AI 감시 관련 역할과 책임

역할	주요 책임 및 활동
모니터링	AI 시스템의 정상 작동 확인, 동작 로그 확인, 성능 지표 모니터링, 예상치 못한 패턴 및 이상 동작 탐지
문제 해결	AI의 비효율적 작동 또는 예상치 못한 문제 식별 및 해결, 알고리즘 이해 및 문제 원인 수정
윤리적 관리	AI가 인간의 삶에 미치는 영향 감독 및 관리, 인권 존중 및 공정한 동작 확인, 사회적·윤리적 기준 준수 검토
수정 및 개선	AI 성능 개선 및 새 기능 추가, 알고리즘 이해 및 개선 필요 사항 식별, 성능 향상을 위한 알고리즘 수정

따라서 AI를 감시하고 관리하는 사람들은 AI 기술에 대한 깊은 이해와 함께 문제해결 능력, 윤리적 판단력, 그리고 지속적인 학습 능력을 갖추어야 합니다. 그들의 역할은 AI의 안전성과 효율

성을 보장하는 데 있어 핵심적인 역할을 합니다.

앞서 소개한 미 공군의 사례와 같이 AI가 사람에게 물리적 공격을 취하는 시나리오가 현실이 되었습니다. AI를 불법적으로 이용하는 시도뿐만 아니라, AI가 조직과 인류를 위협하는 문제에도 적극적인 투자가 필요합니다.

출동 어벤져스: AI 기술 적용을 돕는 사람들

기업에 문제를 해결하는 어벤져스팀이 조직됩니다. 이들은 최고의 기술전문가들로 구성되어 문제해결에 어려움을 겪는 직원들을 구해줍니다. 생성형 AI는 기본적으로 'Easy to use(사용하기 쉬운)'를 지향하고 있습니다. 생성형 AI가 빠르게 대중화될 수 있었던 이유도 쉽게 이용할 수 있었던 것이 한몫했습니다.

하지만 생성형 AI를 활용해보면 의외로 쉽지 않고, 결과물이 마음에 들지 않을 때도 많습니다. 그래서 생성형 AI에 여러 번 요청하고 기다리기를 반복하다 보면 시간은 하염없이 흐릅니다. "이럴 바에야 차라리 내가 하는 것이 낫겠다"고 생각합니다. 전형적인 AI 활용 혐오론자의 사용 경험입니다.

접근하기는 쉽지만 제대로 활용하는 것은 조금 다릅니다. 주변을 돌아보면 많은 사람이 '엑셀' 프로그램을 업무에 활용합니다.

어떤 사람들은 엑셀의 다양한 기능을 활용해 눈이 휘둥그레지게 업무를 처리합니다. 하지만 대부분은 표 정렬, 사칙연산, 수식 활용 등 자주 사용하는 몇 가지 기능만을 활용하죠. 생성형 AI의 프롬프트 입력란은 수천 자의 텍스트를 입력할 수 있지만 대부분 사용자는 수십 자의 프롬프트를 입력하는 데 그칩니다.

엑셀의 사례와 같이 AI를 어디에 어떻게 사용하는지는 전문적인 기술이 필요합니다. 기업에서는 보다 다양한 AI와 로봇을 활용하게 될 것입니다. 결국에는 말 한마디, 텍스트 한 줄로 결과물을 만들어낼 수 있는 시대가 오겠지만, 그때도 대부분의 사람은 적극적·창의적으로 이용하기보다는 기본 제공 기능만 충실히 사용하고 있을 가능성이 큽니다. 지속적인 혁신을 추구하기 위해서는 AI 기술지원팀이 필요합니다.

AI 기술지원팀은 조직의 고민과 문제해결을 도와줍니다. AI 기술지원팀은 AI 솔루션, 데이터 수집, 프롬프트, 결과물 최적화 등을 기술을 중심으로 지원합니다. 디지털 트랜스포메이션 과정에서 개발 전문가들이 업무 과정에 적극적으로 투입됐던 것과 같습니다. AI 트랜스포메이션 과정에서 AI 기술지원팀은 기업의 중심이 되어 활약하고, AI 트랜스포메이션이 마무리되더라도 AI와 인간의 협력을 도와줍니다.

AI 기술지원팀 형태는 다양합니다.

첫째, 대표적인 AI 활용 조직 모습은 AI 전문가팀을 꾸리는 것입니다. AI 전문가가 많지 않은 기업이 주로 선택하는 방식입니다. 이를 'AI COE^Center of Excellence'라는 전사 조직을 만들고 기업 전반에 AI 프로젝트들을 진행하는 방식입니다.

P&G의 경우 AI 활용에 대한 표준과 모범 사례를 전체 조직에 적용하고 확산하는 COE 조직을 운영하고 있습니다. GM의 경우에도 AI 전문가들을 COE에 배치해 차량 안전, 제조 효율성, 고객 경험 등 여러 비즈니스 문제를 해결하고 있습니다. AI COE 조직은 AI 전문가와 현업 전문가 사이에서 협업이 이루어지도록 돕는 역할을 수행하고 있습니다.

둘째, 각 부서에 AI 전문가를 투입하는 방법입니다. 기업의 각 조직에 AI 전문가를 배치할 수 있게 되었다면 '매트릭스 구조'를 적용할 수 있습니다. AI 적용이 필요한 프로젝트에 현업 전문가와 AI 전문가가 모여 문제를 해결해 나가는 방식이죠. 매트릭스 구조의 장점은 AI 기능을 여러 조직에서 동시다발적으로 적용할 수 있다는 점입니다. 전문가, AI 전문가가 모여 일하며 각 사업/기능 조직과 AI 기술 조직에 듀얼 리포팅^Dual Reporting하는 체계로 운영됩니다. JP모건의 경우 위험, 사기, 마케팅, 잠재고객 확보 등 각기 다른 프로젝트에 현업 전문가와 AI 전문가가 함께 투입되어 금융에서 해결해야 할 다양한 문제들을 해결하고 있습니다.

셋째, 조직 내 AI 전문가 비중이 높거나 상대적으로 많은 기업이 적용하는 방식으로 주로 IT 기업에서 활용하는 방식입니다. 이미 미국의 많은 IT 기업이 허브 앤드 스포크Hub & Spoke 구조를 활용하고 있습니다. '허브팀'은 조직 내에서 중심 역할을 수행하여 기술적이고 인프라적인 면에서 각 부서를 연결하거나 필요한 기술을 연구하여 사업팀에 제공합니다. 반면 '스포크'에· 해당하는 사업팀은 해당 사업 운영을 위해 현업 전문가와 AI 전문가들이 통합되어 구성되며, 독립적인 의사결정과 사업 추진을 담당하게 됩니다. 구글의 경우 AI 허브 플랫폼을 통해 다양한 백그라운드를 가진 연구자들이 AI 프로젝트를 위해 협업하고 유관 부서에 지식을 공유하고 있습니다.

넷째, AI 기술이 컴퓨터 활용 능력처럼 범용화하면 대부분의 부서에서 AI 활용 역량을 갖춘 현업 전문가와 AI가 협력하여 업무를 처리하게 될 것입니다. 이러한 형태를 현업 주도형 구조라고 분류합니다. 자체적으로 AI 모델을 구축하고 배포할 수 있는 역량을 보유한 개별 부서들은 중앙 조직으로부터 최소한의 통제만 받으며 AI를 활용해 일을 마무리할 수 있게 됩니다. 조직에서 AI를 단순한 도구로 보는 것이 아니라 의사결정에 참여하고 결과를 생성하는 역할을 강조하는 가장 이상적인 형태입니다.[32]

표 19 | AI와 인간의 공존 시대, HR의 역할 참고

COE 지원 구조	사업부 / AI COE 사업팀 기능팀 / AI 전문가 도메인 전문가 AI BP (도메인 전문가 인원 중 AI 지원 역학)	- 전사적 AI 전문가, 시스템 리소스 부족으로 중앙조직 관리가 필요한 경우 - 사업 지원 역할로 AI 적용이 제한적인 경우(ex. 영업, 내부 R&D 등) 적용 기업 : 유니레버, P&G, GM
매트릭스 구조	사업부 기능 부문 A기술 부문 사업팀 B기술 부문 사업팀 기능팀 / 도메인 전문가 AI 전문가	- AI 전문가, 시스템 리소스가 어느 정도 갖춰진 경우 - 매트릭스 조직구조와 듀얼 리포팅이 익숙한 경우 적용 기업 : 매트릭스 형태 기업
허브 앤드 스포크 구조	사업팀 사업팀 연결 HUB팀 사업팀 / 도메인 전문가 AI 전문가 사업팀	- AI 전문가, 시스템 리소스가 충분한 경우 - 주요 사업/서비스 자체가 AI에 기반한 경우(ex. AI 솔루션, 인프라 판매) 적용 기업 : IBM, 마이크로소프트, 구글
현업 주도형 구조	사업팀 기능팀 도메인 전문가 도메인 전문가 AI 전문가 AI 전문가 AI 구성원 AI 구성원	- 개인 구성원이 기존 도메인 지식에 AI 역량까지 갖춘 경우 - AI가 인간 구성원과 협업 가능한 역할/영역 구축 시

다양한 형태의 AI 지원팀들이 조직의 역할과 기술을 AI에 담고 조직화하기 시작합니다. 신입 직원이 처음 들어와 조직에 안착하기까지 시간도 시간이지만 기존 직원들은 '업무를 수행하랴, 신입 직원 교육하고 인수인계하랴' 일은 2~3배 늘어난 것 같습니다.

기업의 AI화가 진행되는 과정에서도 "기존 방식대로 하는 것이 훨씬 쉽다", "일을 편하게 하려고 AI를 도입하는 것인데, 왜 우

리를 더 힘들게 하냐" 등의 불만들이 터져 나옵니다. 이런 불만은 디지털화가 진행되는 과정에서도 똑같이 일어났습니다. 기존 산업을 디지털 세상으로 옮기기 위해서 더 많은 인력이 필요했습니다. 또 아날로그에서 디지털 시대로 진입하는 과도기에는 두 가지 시스템을 동시에 유지해야 했기에 인력이 유지되었습니다. AI화 과정에서도 디지털과 AI 체계를 유지해야 하기 때문에 추가 인력이 필요하게 됩니다.

조직에 속한 자와 조직에 속하지 않은 자: 넓은 인력 생태계를 활용

앞으로 사람들은 조직에 속한 자와 조직에 속하지 않은 자, 두 부류로 구분됩니다. 몇 년 전만 하더라도 정규직과 비정규직의 갈등이 심했습니다. 정규직과 비정규직은 계층을 구분하는 기준으로 활용되기도 했지요. 하지만 최근에는 정규직과 비정규직을 구분 짓는 시선이 조금씩 달라지고 있습니다. 비정규직을 N잡러, 긱 워커, 프리랜서라고 바꿔 부르면 오히려 긍정적으로 보이기까지 합니다. 말장난일 수도 있지만 그만큼 노동 시장이 유연해지고 있고, 크몽Kmong, 숨고Soomgo 등의 플랫폼에서 전문성과 노동력을 제공할

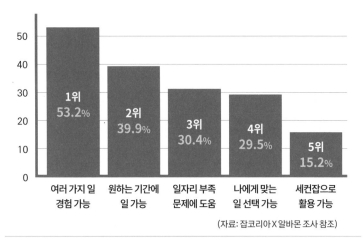

그림 21 | 긱 이코노미 트렌드가 긍정적인 이유

수 있는 기회가 늘고 있기 때문입니다. 비정규직 중에는 직장인 연봉을 뛰어넘는 수익을 창출하는 사람들도 언론에서 화제가 되기도 합니다. 그만큼 조직에 속하지 않은 사람들을 바라보는 시선들이 달라졌다는 것이 체감될 정도입니다.

정규직도 달라지고 있습니다. 최근 몇 년 동안 기업은 직원들에게 자율권을 부여하는 방향으로 인력을 운영하고 있습니다. 직원의 자율권이 확장되는 이유는 변화무쌍한 환경입니다. '딜로이트 2023 글로벌 인적 자본 트렌드 서베이'에 참여한 조직 중 23%만이 리더가 변화된 세계를 헤쳐갈 역량을 갖추고 있다고 답했습니다. 리더들이 세부적인 분야까지 방향성을 제시하는 것은 점점 더 어려워지고 있기 때문입니다. 앞서 소개한 구글이나 모닝스타 등의 사례는 직원들에게 자율권을 부여해 변화의 대응할 방향성을 찾고 해결하기 위한 방식입니다. 조직이라는 안정적인 울타리 안에서 자신이 선택한 문제에 몰두할 수 있는 환경은 사람들에게 여전히 매력적입니다.

'조용한 부업 현상'에서 살펴봤듯이 정규직들도 자율권을 부여받고, 일하는 시간도 점차 줄어들면서 주업 외에 부업에서 시간을 할애할 수 있게 됩니다. 부업의 목표가 경제적인 이익을 위해서이기도 하지만 자신의 가치관을 실현, 미래를 준비하는 수단, 취미생활이 되기도 합니다. 인구 구조상 인력이 부족한 일본은 오히려 부업을 장려하는 모습까지 보이고 있습니다.

기업에서도 어느 정도 정규직이 필요하지만, 필요할 때 손발을 맞추고 협력할 수 있는 인력풀도 필요합니다. 직무가 업무 단위로 잘게 쪼개지다 보니 모든 업무에 정규직 직원을 두기 어렵습니다. 최근 기업에서 팀과 부서를 없애고 프로젝트 단위 운영을 시도하고 있습니다. 직원들도 필요에 의해 뭉치고 흩어집니다. 여기에 비정규직 전문가들이 활약할 수 있는 공간이 만들어집니다. 더 이상 비정규직은 허드렛일의 상징이 아닙니다. 특정 분야에서는 정규직보다 기술과 지식이 더 뛰어난 역량을 갖추고 있기도 합니다.

인위적인 직무와 조직의 틀을 걷어내자 인력 생태계는 점차 다양해지고 확장되고 있습니다. 자연친화 농법을 적용하면 다양한 생물들이 조화를 이루어 자연도 되살아나고 수확량도 증가하는 이치와 같습니다. 업무의 자동화가 더 확대된다면 일에 삶을 맞추는 것이 아니라 삶에 일을 맞추게 될 것입니다.

기업은 앞으로 어떻게 변할 것인가?

자동화 기술이 점진적으로 기업에 적용되기 시작하면서 직무 중심의 질서는 급격하게 무너집니다. 직무의 경계가 사라지고, 직무의 형태가 바뀌게 되면서 결국 사람들이 투입될 수 있는 직무는 크게 네 가지로 구분할 수 있습니다. AI와 협력해 업무를 처리하는 직원, 그리고 AI를 감시하고 관리하는 직원, AI 기술을 전문적으로 지원하는 직원, 그리고 조직에 속한 사람과 그렇지 않은 사람을 포함한 넓은 생태계를 활용하게 될 것입니다. 이 네 가지 유형을 정리하면 다음과 같습니다.

첫째, 개인은 부서화됩니다. 개인은 AI와 협력해 부서 전체의 역할을 담당하게 됩니다. AI는 책임의 주체가 될 수 없기 때문에 책임을 질 수 있는 개인이 성과의 주체가 됩니다. 그리고 조직 안에서 개인은 AI와 AI의 결과물을 잇고, AI와 사람을 잇는 허브가 됩니다.

둘째, 인력은 AI를 감시하고 관리하는 데 투입됩니다. 크게 모니터링, 문제해결, 윤리적 관리, 수정 및 개선의 네 가지 영역에서 사람의 역할이 중요해집니다. 핵폭탄 이상으로 무서운 위력을 가졌다고 평가되는 AI를 대응하기 위해서 사람들에 의한 감시와 관리는 필수입니다.

셋째, AI 기술지원팀에서 사람의 역할을 찾을 수 있습니다. 현업 전문가들의 경험과 지식을 AI에 녹여내는 과정이죠. 결국 AI는 모두가 사용하는 범용 기술로 자리 잡으면서 기술지원팀은 축소되지만 최고의 기술 전문가들은 새로운 기술을 개발하고 또 실무에 적용하게 됩니다.

넷째, 인력의 생태계는 더욱 다양해집니다. 직장인들에게도 지금보다 더 많은 자율권이 부여됩니다. 직장에서도 자신이 선택한 문제에 몰두하고 퇴근 후에도 부업을 통해 경제 활동과 자아실현을 합니다. 또 비정규직들도 N잡러, 긱 워커, 프리랜서 등의 모습으로 필요한 곳에 필요한 만큼 인력을 제공합니다.

유형	내용
개인의 부서화	AI와 협력하여 부서 전체의 역할을 담당, AI의 책임을 개인이 짐
AI 감시 및 관리	AI 모니터링, 문제해결, 윤리적 관리, 수정 및 개선에 인력 투입
AI 기술지원팀	현업 전문가의 경험과 지식을 AI에 통합, 기술지원팀의 역할 변화
인력의 다양화	직장에서의 자율성 증대, 다양한 형태의 경제 활동(부업, N잡러, 프리랜서 등)

이와 같이 자동화 기술은 기존 직무 체계를 철저하게 무너뜨리고 조직을 전혀 새로운 형태로 재정립할 것이라는 것은 확실해 보입니다.

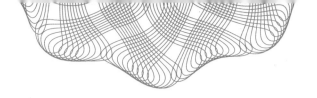

03

인류의 미래 '호모 파덴스'

JP모건체이스 회장 제이미 다이먼은 "인공지능 덕분에 다음 세대는 일주일에 3.5일만 일할 것"이라고 전망했습니다. 지금은 현실성 없는 소리처럼 느껴질 수도 있습니다. 주 5일제가 적용될 당시를 떠올려 보면 몇몇 정치인과 고용주는 나라가 망할 것이라며 제도에 격렬히 반발했습니다. 최근 주 4일제에 대한 이야기에도 사람들은 반발했지만 몇몇 기업은 이미 주 4일제를 받아들였습니다. 이런 흐름에서 주 3.5일이 전혀 근거 없는 소리는 아닐 것입니다. 이렇게 인간은 점점 노동력과는 멀어지는 존재가 되고 있습니다.

또 일론 머스크가 "일자리가 필요 없는 시점이 올 것"이라고 이야기했듯, AI가 인간 수준을 넘어선 이후 사람이 일을 한다는 것은 전혀 다른 의미일 수 있습니다. 미래에 일의 의미는 생산력을 위한 수단이 아니라 자기 만족과 삶의 의미를 찾는 것이 될 것입니다.

당장의 미래도 중요하지만 조금 더 먼 미래에 우리는 일을 어떻게 바라볼 것인지 인류의 미래를 고민해봐야 합니다.

인류의 마지막 숙제: 의미와 재미

AI와 로봇이 사회 전반에 뿌리내리고 정착한 미래는 과연 어떤 모습일까요? 사람들이 더 이상 생산을 위한 노동력을 투입하지 않아도 되는 시대가 다가오고 있습니다. 그렇다고 사람들이 일을 전혀 하지 않는다는 말은 아닙니다. 무슨 말일까요?

김상균 교수의 《초인류》에서 '인공 진화기'에 일에 대한 사람들의 생각이 어떻게 변해가는지 설명되어 있습니다. 핵심 내용을 정리하면 다음과 같습니다.

첫 번째 단계에서는 기술과 기계가 단순한 직무 영역에 대해 일방적으로 인간 노동자의 일자리를 대체하기 시작합니다. 이 단계에서는 일의 범위, 입력과 산출물, 업무 과정이 명확하게 규정할 수 있는 업무부터 기계로 대체되기 시작합니다.

두 번째 단계로 넘어가면 인간의 물리적 노동, 단순 지적 노동을 극소화하고, 고도화된 지적 노동을 증가시키고 이 과정에서 발생하는 책임을 어떻게 분산해서 맡을지 고민하기 시작합니다. 이때 인간은 스스로를 무언가를 결정하고 판단을 내리는 존재로 인식하게 됩니다.

세 번째 단계에서는 인류가 만들어놓은 직업은 대부분 영역은 AI가 대체하기 시작한다고 합니다. 기계가 못 하는 일을 인간에게 맡긴다는 접근을 넘어 인간이 하는 일의 영역을 정하자는 사회적 논의가 일어납니다. 인간의 노동 역할에 사회 구성원 모두가 참여해 본질적·철학적으로 재정립해야 한다고 합니다.[33]

인류의 마지막 숙제는 인간은 무엇을 하는 존재인지 고민하는 것입니다. 인간을 정의하는 기준을 살펴보면 인간의 본질에 대해 이해하게 됩니다. '호모사피엔스Homo Sapiens'는 생각하는 인간이라는 의미이고, 호모 파베르Homo Faber는 도구를 활용하는 인간이라는 뜻입니다. Homo와 합성어로 만든 인간의 정의가 80여 개에 달한다고 하니, 얼마나 다양한 관점에서 인간을 바라보고 있는지에 대해서도 생각해볼 필요가 있습니다.

최근 강조되고 있는 인간상이 '호모 파덴스Homo Padiens'인데요. 이는 놀이하는 인간인 '호모 루덴스Homo Ludens'와 도구의 인간이라는 '호모 파베르^{Homo Faber}'의 합성어로 재미와 의미를 동시에 추구하는 인간상을 제시하고 있습니다. 호모 파덴스는 인간이 서로 협력하며 재미를 찾을 수 있는 놀이가 인간의 영역이라고 말하고 있습니다. 호모 파덴스 개념을 제시한 이민화 교수는 "새로운 일을 만들며 즐기는 인간의 본성을 연결해 호모 파덴스라는 용어를 만들었다"고 설명하고 있습니다.

이런 변화는 '생성형 AI'라는 폭발적인 기술의 발전과 자동화가 진행되면서 인간의 본질에 대해 다시 고민하게 되기 때문입니다. 이전까지만 해도 인간과 일을 떼려야 뗄 수 없다는 관계일 정도로 따로 구분해서 생각하기는 쉽지 않았습니다. 하지만 지금은 전통적 개념의 일은 사람보다 자동화 프로그램과 기계들이 훨씬 빠르고 효율적으로 처리하게 되었습니다. 인간의 가치에 대해 의문이 생기기 시작한 것이죠. 인간을 '호모 파덴스'로 정의하면서 인간의 가치를 일에서의 흥미와 의미로 재조명하게 되었습니다.

결국 인간의 본질이 일 그 자체가 아니라 도구를 활용해 놀이하며, '재미+의미'를 추구해 새로운 가치를 발견하는 것이 인간이라고 정리할 수 있습니다. 다시 말해 '자신이 관심 있는 일에 흥미와 의미를 발견하고 얼마나 노력해왔는가?'가 인간의 존재 의미에서 중요한 요소가 된다는 것입니다.

호모 파덴스는 인간의 본성과 장점을 살리는 새로운 인간상이라고 할 수 있습니다. 로봇과의 경쟁이 아니라 협력과 놀이를 통해 인간의 가치를 높이고, 새로운 일자리와 삶의 질을 개선할 수 있습니다. 호모 파덴스는 미래 세계에서 인간의 존엄과 행복을 위한 비전이라고 할 수 있습니다.

AI와 로봇이 생산성을 책임진다면 인간은 AI와 로봇이 만들어 놓은 토대 위에서 인간만이 누릴 수 있는 의미와 재미를 찾는 것이 일이 될 것입니다. 앞서 WEF에서 문화, 스포츠, 예술 분야가 더 커지고 활성화될 것이라고 전망한 것도 일맥상통한 부분입니다. 지금까지 가장 인간성을 누렸던 집단은 로마의 귀족들이 아닐까요? 수많은 노예의 노동력에 바탕을 둔 제국의 토대 위에서 살았던 로마 귀족들은 어떤 삶을 살았을까요?

로마의 귀족들은 무엇을 했나?

어떻게 보면 인공 진화기 인류와 가장 닮아 있는 집단은 전성기 로마 귀족 집단입니다. 이들은 로마제국의 막강한 군사력과 전쟁을 통해 공급되는 수많은 노예의 노동력을 제공받으며 삶을 누렸습니다. 로마 제국 전성기 귀족들의 삶을 살펴보겠습니다.

로마의 귀족들은 노예들에게 일상생활의 모든 부분을 맡겼습니다. 귀족들이 입는 옷, 먹는 음식, 집안일을 노예에게 맡기고, 자신들의 삶을 더욱 풍요롭게 만드는 데 집중했습니다. 노예들이 없었다면 로마 귀족들의 삶은 상상할 수 없었을 것입니다.

그들의 생활은 사치스러웠습니다. 그들은 향기로운 와인을 마시며, 가장 훌륭한 요리를 먹었습니다. 공연과 경기를 즐겼으며, 전쟁의 승리를 축하하는 행사에 참석했습니다. 그들은 빛나는 금과 보석으로 장식된 로브를 입고, 머리에는 화려한 관을 썼습니다.

하지만 그들의 삶이 단순히 사치와 풍요만으로 이루어진 것은 아니었습니다. 그들은 문화와 예술, 철학에 대해 깊이 생각하며, 그것들을 통해 인간의 존재와 삶의 의미를 탐구했습니다. 그들은 시를 썼고, 논쟁을 벌였으며, 신화와 역사에 대한 이야기를 나누었습니다. 또 그들은 그리스와 이집트, 페르시아와 인도 등 다른 문명의 문화와 예술을 배우고 흡수하고 변형했고, 극장과 원형경기장, 목욕탕과 식당 등에서 즐거운 시간을 보냈습니다. 연극과 음악, 무용과 조각, 회화와 건축 등 다양한 예술 작품을 감상하고, 창작하기도 했지요. 그들은 인간의 존재와 삶의 의미를 탐구하며, 그것들을 통해 자신들의 삶을 더욱 풍요롭게 만들었습니다.

로마 귀족들은 풍요와 사치를 누리는 것을 넘어 새로운 학문을 탐구하고, 작품에 심취하며 많은 문화적 발자취를 남겼습니다. 로마가 아직 많은 사람의 머릿속에 남아 있고, 자주 이야기되는 이유가 그 당시 만들어졌던 문화적 유산들 때문일 것입니다.

노예들은 육체노동뿐만 아니라 지적인 영역에서도 다양한 일을 맡았습니다. 로마제국 초기인 1세기에 이탈리아 인구 약 3분의 1인 200만~300만 명이 노예로 추정됩니다. 로마제국 전체 인구인 약 5,000만~6,000만 명에서 10명 중 1명이 노예였다고 합니다. 이러한 노예들 중 일부는 부유한 저택에서 다양한 가내노동을 맡았습니다. 폼페이에서 발굴된 벽화를 살펴보면, 왼쪽에 있는 어린 노예는 귀족의 신발을 닦고 있고, 가운데 노예는 술잔을 나르고 있으며, 오른쪽 노예는 술에 취한 인물을 부축하고 있습니다. 이들은 보통 가사노동을 수행했을 것으로 추측됩니다.

노예 중 일부는 집 밖에서도 일했습니다. 일부는 수공업장, 광산, 공사장에서 일하며, 일부는 매춘에 종사하기도 했습니다. 특히 신체적으로 뛰어난 남성 노예들은 검투사로 활약하기도 했으며, 지적 능력이 뛰어나다고 평가된 노예들은 교육이나 회계 일을 맡기도 했습니다. 그러나 가장 많은 노예가 종사한 분야는 농업이었습니다. 로마 귀족들은 대규모 농지인 라티푼디움에 노예들을[34] 투입하여 경작에 착수했으며, 이들에게 있어 노예는 생산 수단으로서 꼭 필요한 존재였습니다.

그 시대의 귀족들과 노예의 삶을 유추해볼 수 있는 내용이 성경에도 실려 있습니다.

"너희 중 누구에게 밭을 갈거나 양을 치거나 하는 종이 있어 밭에서 돌아오면 그더러 곧 와 앉아서 먹으라 말할 자가 있느냐, 도리어 그더러 내 먹을 것을 준비하고 띠를 띠고 내가 먹고 마시는 동안에 시중들고 너는 그 후에 먹고 마시라 하지 않겠느냐, 명한 대로 하였다고 종에게 감사하겠느냐, 이와 같이 너희도 명령받은 것을 다 행한 후에 이르기를 우리는 무익한 종이라 우리가 하여야 할 일을 한 것뿐이라 할지니라(누가복음 17장 7-10절)."

이 성경 구절을 보며 종의 마음이 간접적으로 느껴지기도 합니다. 하지만 이 내용에서 인간인 종은 어렵지만 AI와 로봇인 종은 기꺼이 할 수 있는 부분입니다. AI와 로봇이 일상을 도와주면 인간은 더 인간다운 일들에 집중할 수 있습니다. 물론 로마의 귀족들 중 일부와 같이 일탈하는 사람들도 있겠죠. '인간다움'이란 무엇인지를 깊이 고민하고 탐구하게 될 것입니다. 그렇다면 모든 고민의 끝은 철학이 아닐까요?

'인간다움', 모든 것은 철학으로 향한다

박사를 영어로 Ph.D^{Doctor of Philosophy}로 표기합니다. 최고의 학문적 지위를 표기할 때 Philosophy가 들어가는 이유에는 여러 가지 설이 있지만, 모든 학문의 시작은 철학이었다는 것입니다. 앞서 소개한 칸트도 우리에게는 철학자로 알려져 있지만 지금 우리의 시점에서는 인문·이공 융합형 인재였습니다. 세부 분야가 확장되면서 인문, 사회, 경제, 자연, 이공 분야 그리고 더 세분화된 학문들이 탄생했지만 그 뿌리는 철학이었습니다. 우리에게 너무나 잘 알려진 아이작 뉴턴의 저서 《프린키피아Principia》의 원래 제목은 '자연철학의 수학적 원리Philosophiæ Naturalis Principia Mathematica'입니다. 결국 분야를 가릴 것 없이 철학은 모든 학문의 시작점이자 집대성한 분야라고 할 수 있습니다.

김상균 교수가 《초인류》에서 언급한 바와 같이 AI와 로봇에 의해서 자동화되면 사람들은 인공 진화기로 흘러갑니다. 그동안 인간 능력의 한계에 맞춰 구분해왔던 수많은 업무와 학문 분야의 구분은 더 이상 의미가 없어집니다. AI와 로봇이 각각의 분야를 연결지어 통합적으로 판단해 업무를 수행할 것이기 때문이지요. 최근 물리학계에서도 지금까지 발견한 모든 물리학 이론인 중력, 전자기력, 약력, 강력을 하나로 뭉치는 '통일장unified field theory' 이론에 많은 천재 물리학자가 집중하고 있다고 합니다. 단 하나의 이론으로 우주와 물리 그 모든 것을 설명한다는 담대한 계획에 물리와 전혀 상관없는 저자조차도 심장이 두근거립니다.

앞서 '직무경계의 종말' 파트에서 살펴봤듯 경계가 종말하고 있는 이유를 깊이 있게 고민할 필요가 있습니다. AI와 로봇을 입은 인간은 기존과 다른 인류로 진화하고 있기 때문이죠. 거대한 개인은 이제 안과와 정신과 치과를 구분하지 않습니다. 또 이과와 문과를 구분하지도 않죠. 모든 것이 융합되고 통합된다는 의미입니다.

거대한 개인이 '아담과 하와'의 선악과 사건 이후 인류의 숙명이었던 노동으로서의 일과 결별하고 의미와 재미로서의 일을 맞이하게 됩니다. 그리고 그 과정에서의 핵심은 바로 철학이 될 것입니다. 여기서 말하는 철학은 지금의 인문학적인 철학이 아니라 모든 학문이 통합된 의미의 철학을 뜻합니다.

앞으로 해결해야 할 것도 많습니다. AI와 로봇이 모든 영역에서 활용되는 시점에서는 인류에게 더 큰 고민들이 찾아오고 있기 때문입니다.

먼저 '분배의 문제'입니다. 앞으로 AI를 통제하는 집단과 AI에 통제받는 집단의 양극화는 더 크게 벌어집니다. 그 과정에서 다양한 사회문제들이 발생하게 됩니다. 어떻게 나눌 것인가에 대해 많은 사람이 고민하고 있습니다. 그중에 대표적인 방안이 로봇AI세를 도입하자는 의견입니다. 하지만 이것만으로 AI를 소유하고 있는 집단과 양극화는 해소되기 어렵습니다.

또, '권력의 문제'입니다. 불평등한 분배로 권력은 한쪽으로 쏠리게 됩니다. AI를 활용해 사람들을 통제하는 소설 《1984》와 같은 모습이 등장할지도 모른다는 두려움이 듭니다. 어떻게 권력을 나누고 분배할 것이냐는 분배의 문제만큼 고민되는 문제입니다.

마지막으로 '지구의 문제'입니다. 환경 문제, 자원 문제 등 지구는 몸살을 앓고 있습니다. AI와 로봇, 양자컴퓨터 등 더 많은 에너지가 필요한 이슈들이 점차 늘어나고 있습니다. 일부 학자들은 앞서 제시한 모든 문제가 지구 규모의 한계에 다달았기 때문이라고 말합니다. 일론 머스크가 화성으로 진출하는 프로젝트에 집중하는 이유도 여기에 있지 않을까요?

'분배의 문제, 권력의 문제, 지구의 문제'를 해결하는 과정에서도 철학이 필요합니다. 사람들과 의견을 나누고 설득하고, 방향을 제시하는 과정 모두가 철학으로 수렴됩니다. 앞으로 인간이 인간답기 위한 수많은 철학적 판단이 우리를 기다리고 있습니다. 결국 인간다움은 철학을 향하고 있습니다.

마무리

인류는 노동으로서의 일에서 벗어나 처음으로 재미와 의미만을 지향하며 일하게 됩니다. 이것은 마치 수많은 노예를 부리는 로마 귀족들의 삶과 같습니다. 로마 귀족들은 노동에서 벗어나 수많은 지식과 문화를 향유했습니다. 하지만 또 한편에서는 방종하고 타락하기도 했지요. 인구의 소수가 아니라 인류 전체가 완전히 새로운 삶을 살아가게 될 것입니다. 이제 인류에게 점차 다가오고 있는 미래를 준비해야 합니다.

'직무경계의 종말'에서 우리는 일과 학문이 융합되고, 통합되어 가고 있다는 것을 확인했습니다. 그것은 어떻게 보면 모든 것의 시작이었던 그곳으로 돌아간다는 의미가 될 수 있습니다. 바로 철학이죠. 처음 시작된 그곳에서 인류는 새로운 시작을 하게 될 것입니다. 그리고 앞으로 우리는 철학을 무기로 인간다움을 고민해야 할 수많은 문제를 해결해야 합니다.

직무의 종말 시대는 가깝게는 구시대의 유물인 직무가 사라집니다. 그리고 네 가지 유형으로 구분됩니다. AI와 협력해 업무를 처리하는 직원, 그리고 AI를 감시하고 관리하는 직원, AI 기술을 전문적으로 지원하는 직원, 그리고 조직에 속하지 않은 넓은 생태계의 인력 활용 방향으로 정리될 것입니다.

하지만 더 먼 미래는 생산 주체로서의 일이 사라지고 의미와 재미를 위한 일만 존재하게 됩니다. 모든 일상은 AI와 로봇이 해결해주기 때문이지요. 하지만 인류의 모든 문제가 해결되는 것은 아닙니다. 분배의 문제, 권력의 문제, 지구의 문제는 인류를 더 큰 위기로 몰아넣을 가능성이 큽니다. 그래서 더 인간다움을 고민해야 하고, 모든 고민의 시작점이었던 철학을 배우고 갖춰야 합니다.

"직무가 사라지고 일에서 자유로워진다면 우리는 어떻게 살아야 하지?"라는 고민이 들 것입니다. 하지만 변화는 새로운 문제를 낳고, 그 문제를 해결하는 것이 인류의 숙제가 됩니다. 인류의 숙제를 해결하는 과정이 곧 일이 되겠지요. 그래서 일은 사라지지 않고 물리학의 통일장 이론처럼 한 곳으로 뭉치게 됩니다.

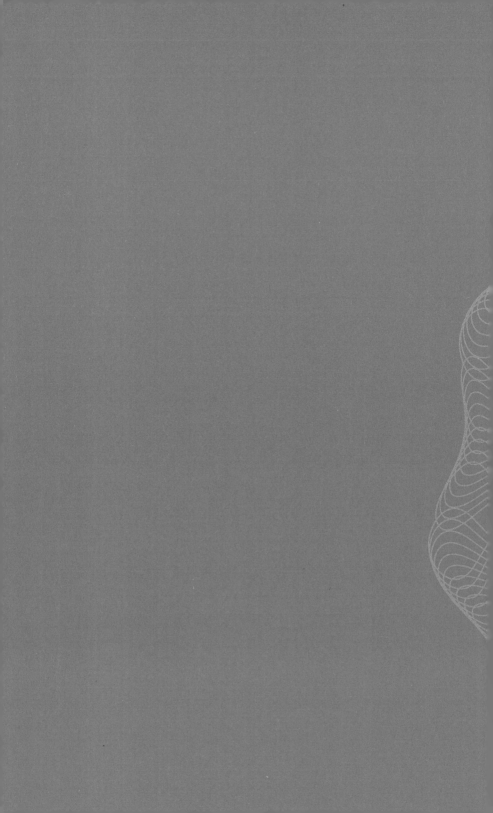

직무의 종말
시대에서
살아남기

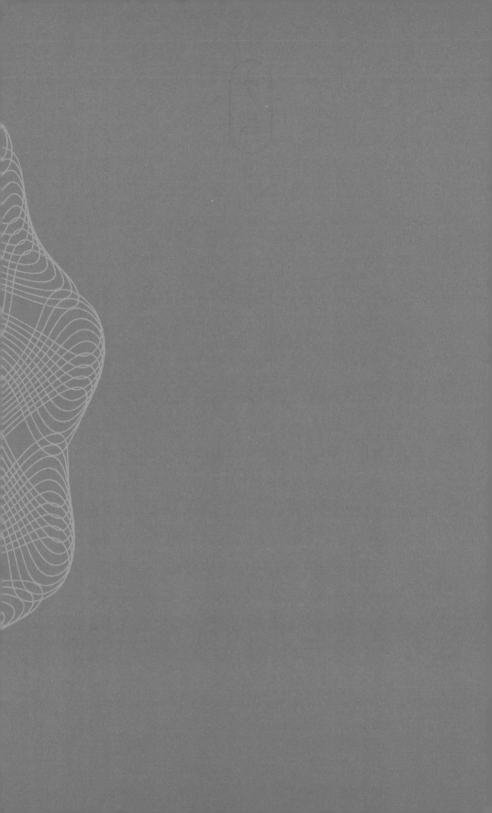

"AI는 답을 제시하지만, 질문의 힘은 여전히 인간에게 있다."

동시다발적인 기술혁명이 시작되었습니다. 앨빈 토플러가 제시한 제3의 물결에 대한 내용을 살펴보면 지금까지는 주도적인 하나의 큰 물결이 세상을 덮쳤고, 앞으로의 변화를 어느 정도 예측할 수 있었습니다. 하지만 앞으로 우리에게 다가오는 물결은 하나의 물결이 아닌 여러 개의 물결이 복합적으로 우리의 세계를 강타하게 됩니다. 새로운 물결의 공동 주연은 바로 AI와 로봇입니다. 이것을 지켜보는 관객들을 더 흥미진진하게 만드는 지점은 이 둘의 러브 스토리입니다. 어디로 튈지 모르기 때문이죠.

생성형 AI의 대표격인 챗GPT의 웹사이트 월간 방문자 수는 2023년 10월 말 기준으로 17억 명이라고 합니다. 이용자들은 평균 8분가량 챗GPT 사이트를 이용하고 평균 4.46페이지의 정보를 생성하고 있습니다.[35] 기업들이 업무 효율을 높이기 위해 AI를 적극 활용하면서 직장 풍경이 달라진 것은 물론이고, 사람의 자리를 속속 대신 하고 있습니다.

보스턴다이내믹스와 테슬라는 로봇 개발에 한창입니다. 보스턴다이내믹스의 로봇은 인간과 흡사한 동작으로 사람들에게 놀라움을 주고, 한편으로는 두려움을 느끼게 만들었습니다. 무거운 건축 자재를 자유자재로 옮기고, 그 위에서 파쿠르 동작을 선보이면서 어떤 측면에서는 인간을 능가하는 움직임을 보였습니다. 테슬라도 앞서 소개한 바와 같이 옵티머스 2세대를 선보였습니다.

생성형 AI와 로봇이 결합은 동시에 여러 방향에서 몰아 닥치는 물결이고, 물결의 높이와 크기가 엄청난 쓰나미입니다. 동시다발적인 물결에 휩쓸리지 않으려면 우리는 어떻게 대응해야 할까요?

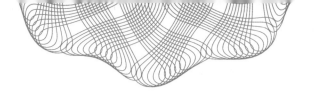

01

개인 차원에서 '직무의 종말' 대처하기

오픈AI의 CEO 샘 알트먼은 'WSJ(월스트리트저널) 테크 라이브 컨퍼런스'에서 "창의적인 분야도 사람들이 생각했던 것보다 AI가 더 쉽게 해내고 있다"라고 말했습니다. 9년 전 같은 컨퍼런스에서 샘 알트먼은 '사람은 창의성과 판단력, 공감이 필요한 일, AI는 계산 및 기술적인 일을 나눠서 발전하게 될 것'이라고 발언했던 것과 사뭇 다릅니다. 그는 "AI가 창의적인 사고력을 발휘할 수 있다고 생각하지 못했다. 10년 전만 해도 GPT-4가 탄생할 것이라 예측하지 못했을 것이다"라고 이야기했습니다.[36]

세계 최고의 AI 개발 회사의 대표도 10년 후 AI의 미래를 정확하게 예측할 수 없었습니다. 그리고 앞으로 며칠 혹은 몇 달 후 인류가 AI와 로봇을 어떻게 활용하게 될지 아무도 모르는 상황에 놓여 있습니다. 다시 말해, 전 인류가 동시에 그 누구도 예상하거나 들어서 본 적 없는 길에 들어서 버렸습니다.

지금 당장 시작하라(지피지기 백전불태+업무 적용)

지금 당장 시작해야 합니다. 여러 방향에서 엄청난 물결이 우리 앞에서 넘실대고 있습니다. 그리고 우리는 아직도 주저하고 있습니다. '지피지기 백전불태知彼知己 百戰不殆', 적을 알고 나를 알아야 백 번 싸워도 위태롭지 않다는 말입니다. 이 《손자병법》의 핵심 메시지는 적을 정확하게 파악하고 나를 거기에 맞춰 움직이면 위기에서도 스스로를 지킬 수 있다는 말입니다. 이는 AI 시대에도 반드시 필요한 병법입니다. AI 시대를 정확히 이해하려면 자동화 기술에 대해서 정확히 이해하고 있어야 한다는 말입니다. 다시 말해 새롭게 시작되는 거대한 물결에 휩쓸리지 않기 위해서는 거대한 방파제를 만드는 것보다 그 물결을 자신의 것으로 만드는 생각의 전환이 필요합니다.

서핑을 할 때 유능한 서퍼는 밀려오는 파도를 보고 순간적으로 파도를 분석합니다. 적절한 순간에 서핑보드에 올라타 파도를 가릅니다. 정말 유쾌한 순간입니다. 파도가 마음에 들지 않으면 기다리고 새로운 파도를 기다리고 새롭게 도전합니다. 실력이 부족한 서퍼는 파도를 제대로 파악하지 못하고 서핑 기술이 충분하지 못해 이내 파도에 휩쓸립니다. 새시대를 살아가는 전략은 바로 유능한 서퍼와 같아야 합니다.

유능한 서퍼가 되기 위해선 서핑보드를 메고 바다로 나가야 합니다. 그리고 몰려오는 파도에 뛰어들어야 합니다. 필요하면 서핑 코치의 도움을 받으면서 서핑 기술을 연마하기도 합니다. 서핑 기술을 연마하는 과정에서 스스로의 재능과 운동신경을 탓하기도 하지만 조금씩 파도 위에서 중심을 잡고 즐기기 시작합니다. 더 큰 파도와 맞설 준비를 하는 것이지요. 다시 말해 유능한 서퍼가 되는 방법은 지금 바로 바다로 뛰어드는 방법입니다.

컴퓨터가 보급될 당시의 일입니다. 당시 컴퓨터 활용 능력이 부족하던 시기여서 컴퓨터의 활용을 확산시키기 위해 했던 대회가 있었습니다. 바로 컴퓨터 타자 대회였죠. 컴퓨터 타자 대회에서 우승하면 수천만 원에 달하는 상금과 자동차, 가전제품 등 프로게이머 못지않은 대우를 받은 적이 있습니다. 지금 돌아보면 타자를 빠르고 정확하게 하는 것이 그만큼 중요한 일인가 의아한 생각까지 듭니다. 이것이 선구자들이 누릴 수 있는 특혜지요.

2023년 10월 세계 최초로 생성형 AI로 만든 영화 〈AI 수로부인〉이 개봉되었습니다. 챗GPT 등 50여 개의 생성형 AI를 활용해 영화를 완성했습니다. 기존에 생성형 AI를 영화 제작에 활용하려는 시도가 있었지만 〈AI 수로부인〉은 시놉시스와 시나리오 작성부터 2,500여 장의 이미지 생성, 영상 제작, 자막 및 대사, 배경음악 생성, 영상 리터치에 이르기까지 AI가 적극적으로 개입한 최초의 영화입니다. 수백억, 수천억을 들여 제작한 영화에 비해 갈 길이 멀기는 하지만 〈AI 수로부인〉에서 제작자의 역할을 '창조적 선택'으로 바꿨습니다. 영화를 제작하기 위해서 감독은 영화계 전반의 메커니즘을 이해해야 했지만, 이제는 누구라도 마음만 먹으면 영화를 생성할 수 있는 시대가 되었습니다.

또 15년 차 가수인 박새별 씨가 최근 발매한 음반이 눈길을 끌었습니다. 세계 최초로 AI 남자 보컬을 영입해서 음원을 발매했습니다. AI 보컬은 곡을 해석해 곡에 맞는 스타일로 노래를 불렀습니다. 수준 높고 스타일이 맞는 남자 보컬리스트를 섭외하고 녹음하려면 많은 노력과 시간이 필요합니다. AI에 감정을 불어넣기 위해 수십 번 작업해야 했습니다. AI는 목소리와 스타일을 곡의 분위기에 맞게 불러주고 밤이나 낮이나 같은 컨디션을 가지고 있으니 그만큼 수월하게 작업할 수 있습니다. 어려운 녹음 작업도 생성형 AI면 쉽게 작업할 수 있게 됩니다.

이 사례들을 봤을 때 선구자들은 완벽한 결과물을 만들어내는 것도 필요하겠지만, 그것보다 더 중요한 것은 자신의 업무와 작업물에 그냥 새로운 기술을 적용해보는 용기입니다. 초심자 서퍼들이 서핑보드를 들고 바다에 뛰어드는 용기 말이지요. 생성형 AI를 업무에 도입하고, 더 효과적인 방법을 찾아보고, 안 된다면 또 새로운 방법들을 찾아본다면 여러분의 업무 영역에서만큼은 생성형 AI 전문가로 자리 잡을 것입니다.

우리는 완벽한 파도가 오기 전까지 파도에 뛰어들기를 주저합니다. 지금 서핑보드와 씨름하지 않으면 완벽한 파도가 몰려올 때 멋지게 파도를 가르는 서퍼가 아닌 구경꾼이 되어 버리는데 말이죠. 우리에게 다가오는 물결은 파도를 타거나, 휩쓸려 가는 두 가지 형태로 나타날 것입니다. 완벽하지 않은 물결 속에서 앞으로 다가올 큰 물결을 가늠하고 있는 사람과 그렇지 않은 사람들은 메울 수 없는 격차로 나뉠 것입니다.

앞서 'AI 디바이드'에서 살펴봤듯이 AI 혁명은 단순히 기술의 문제에 그치지 않고 사회 전반의 권력 구조를 재편하게 될 것입니다. 미국의 〈타임〉지는 AI 혁명을 "우리는 역사상 가장 큰 권력 재분배를 목전에 두고 있다"고 평가하고 있습니다. 아이디어는 있지만 기술적, 경제적 제약에 현실로 만들지 못했던 수많은 사람이 잠재적인 수혜자들입니다. 특히 선구자들은 말이죠.

롱테일 법칙은 파레토 법칙(성과의 80%는 상위 20%의 행위의 결과라는 의미의 법칙)과 반대로 80%의 사소한 다수가 20%의 핵심 소수보다 더 뛰어난 성과를 창출한다는 이론입니다. 시장이 디지털 플랫폼화하면서 인터넷을 통해 다양한 상품을 소개하고, 판매할 수 있는 기회가 생겼습니다. 물류비용도 저렴해져서 재고나 진열 공간의 제한이 줄어들었습니다. 개별적으로 판매량이 적은 상품들도 이렇게 전체적으로 모이면 틈새시장을 형성할 수 있게 된 것입니다. 이제는 한발 더 나아가 AI와 로봇을 통해서 모든 사람이 자신들만의 플랫폼을 만들고 운영할 수 있게 되었습니다. 다시 말해 더 긴 꼬리를 만들 수 있게 되었습니다. 누구나 플랫폼의 주인이 될 수 있는 시대에 우리는 서 있습니다.

아직 완벽하지 않을 수 있지만, AI는 쉬지 않고 학습하고 있습니다. 2022년 11월 챗GPT-3.5가 출시된 지 얼마되지 않아 2023년 5월 챗GPT-4가 출시되었고, 같은 해 11월 말에 챗GPT-4 터보와 기타 서비스가 제공되었고, 2024년 초 챗GPT 스토어를 출시했습니다. 물론 간간히 챗GPT-5에 소문도 무성하고요. 변화는 사회 모든 분야에 균열을 만들어냅니다. 그 틈을 비집고 들어가야 하죠. 생성형 AI에 뛰어들기 딱 좋은 날은 바로 오늘입니다.

정확하게 질문하라

아인슈타인은 "올바른 질문을 찾으면, 정답을 찾는 데 5분도 걸리지 않을 것이다"라는 유명한 명언을 남겼습니다. 시대를 앞서 간 천재답게 지금 우리가 살고 있는 AI 시대에 딱 들어맞는 조언입니다. 지금까지는 검색엔진에 질문을 입력하면 질문과 관련된 여러 가지 정보가 섞여서 왔지만, 이제는 AI에 질문하면 답을 만들어주는 시대에 살고 있습니다. 즉 질문이 모든 것인 시대에 살고 있습니다. 하지만 우리의 모습은 어떤가요? 대충 질문하고 정확한 답을 원하고 있지는 않나요?

생성형 AI 경험에 대해 물으면 기대보다 결과물의 수준이 낮아 실망한 분들이 많습니다. 하지만 지금까지의 기술로는 몇 단어의 프롬프트로 원하는 수준의 결과물이 단번에 나오기는 쉽지 않습니다. 더 구체적으로 꼬리에 꼬리를 물고 질문하거나, 한 번에 완벽한 프롬프트를 만들어 답을 얻는 것도 좋습니다. 저는 후자를 추천합니다. 꼬리 질문을 계속하다 보면 생성하는 시간을 기다리게 되고, 그러다 보면 "내가 하는 게 낫겠다"는 인내심의 특이점(?)이 오기 마련입니다.

괴팍한 직장 상사를 떠올리면 쉽습니다. 일을 지시할 때 일의 배경과 목적, 달성해야 하는 성과, 방향성, 기간, 결과물 예시 등을 꼼꼼히 제시해주면 일이 빠르고 효율적으로 진행됩니다. 하지만 우리의 직장 상사는 "최 팀장, 전에 이야기했던 그 사업 제안서 좀 가지고 와봐!", "내가 전에 이야기했는데, 그게 아직 안 됐어?"라고 이야기합니다. 당연히 좋은 결과물을 만들 수 없는 환경이죠.

이제는 우리의 모습을 돌아봐야 할 때입니다. 1장에서 앞으로 직원들 모두 리더가 될 것이고, 직원들에게 리더의 역량을 요구하고 있다고 설명했습니다. 각 생성형 AI마다 프롬프트 가이드를 공식적으로 제공하고 있습니다. 또 생성형 AI 프롬프트 엔지니어들은 더 효율적인 프롬프트를 만들기 위해 연구를 이어가고 있습니다. 질문이 모든 것인 시대에서 우리는 정확하게 질문하는 법을 배워야 합니다.

그중에서 눈에 띄는 재미있는 사례가 있습니다. 챗GPT-4가 12월이라고 인식하게 되면 생산성이 더 떨어진다는 결과가 있습니다. 사람이 만든 수많은 데이터를 학습하다 보니 사람들이 연말에 일을 더 적게 하는 습성을 장착하게 되었다는 가설입니다. 'AI 겨울휴가'설이죠. 5월이라고 인식시키고 같은 결과물을 요청한 결과, 12월에 비해 결과물이 짧은 시간에 나온다는 실험 결과입니다. 그래서 12월이 아닌 5월로 인식시키고 결과를 요청하는 것을 강조하고 있습니다.[37]

앞으로 데이터와 기술들이 보완되면 사라질 웃픈 이슈일 수 있습니다. 하지만 더 좋은 결과를 위해서 전문가들은 세심하게 디테일을 챙기고 있다는 것입니다. 이것을 다른 관점으로 생각해보면

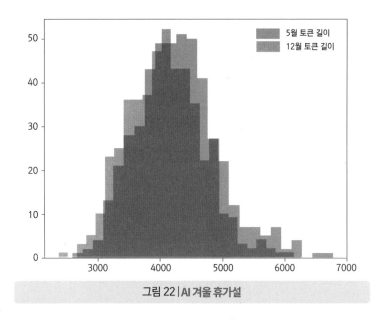

그림 22 | AI 겨울 휴가설

지금 어느 누구도 생성형 AI를 완벽하게 운영하는 사람이 없다는 것입니다. 까다로운 부하직원을 둔 직장 상사처럼 만능직원인 생성형 AI를 다루는 것을 더 고민해본다면 더 좋은 결과물을 손쉽게 만들 수 있을 것입니다.

직무보다는 스킬을 확장하라(과정보다는 결과)

우리는 이제 성과를 내는 전문가가 되어야 합니다. 우리는 지금까지 과정 전문가가 되기 위해 노력했습니다. 예를 들어 프로그래머는 주어진 시간과 요구하는 결과물에 맞춰 얼마나 효율적으로 개발을 진행하느냐가 평가의 핵심이었습니다. 다시 말해 개발 과정이 얼마나 효율적인지를 중요하게 생각해왔다는 것입니다. 하지만 프로세스가 사라지고 결과만 남는 시대가 되었습니다. 바로 앞 장에서 강조했던 정확하게 질문하면 답은 생성되는 시대인 것이지요. 프로그래머가 입력한 프롬프트로 프로그램이 몇 시간 만에 완성되었는지, 버그는 없는지, 코드가 효율적인지가 성과가 되는 시대가 되었죠. 앞으로 전문성을 가지고 있다는 의미는 "정확하게 질문하느냐"이고 이것은 결과의 차이로 이어집니다.

정확하게 질문하기 위해서는 과정에 집중되어 있는 직무보다는 결과와 성과에 초점이 맞춰져 있는 스킬에 집중해야 합니다. 직무는 조직의 목표를 달성하기 위한 특정 업무나 책임을 말하지만, 스킬은 업무를 성공적으로 수행하는 데 필요한 능력을 말합니다. 다음 〈표 20〉을 보면 스킬은 더 세부적이고 성과를 파악할 수 있는 단위입니다.

표 20 | 직무 vs 스킬

구분	직무	스킬
정의	조직 내에서 특정한 역할과 책임을 정의	개인이 가지고 있는 특정한 능력과 기술
예시	영업 담당자, 프로젝트 매니저 등	커뮤니케이션, 문제해결, 프로그래밍 등
목적	조직의 목표를 달성하기 위해 필요	개인의 업무 수행 및 성공을 위해 필요
기능	'무엇을 해야 하는가'를 정의함	'그것을 어떻게 할 수 있는가'를 정의함

스킬 중심으로 생각한다면 변화하는 업무에서도 카멜레온같이 적응할 수 있습니다. 직무를 홍보 영상 제작담당자로 규정한다면 홍보 영상 이외에 관심을 갖기 어렵습니다. 하지만 자신의 스킬을 영상편집 스킬로 정의하면 홍보팀의 영상 제작 업무에 참여할 수 있고, HRD팀에서 영상 교육자료를 만드는 데 활용할 수 있습니다. 또 마케팅팀에서 사업 수주를 위한 영상 제작에 참여할 수도 있습니다. 생성 과정의 영상을 분석하는 프로젝트에도 투입이 가능합니다. 각 영상에 포인트가 다를 수 있지만 영상편집의 전문성은 살릴 수 있습니다.

또 스킬 중심으로 생각한다면 AI와 로봇에게 정확한 지시를 할 수 있습니다. 영상편집이라고 할 때 영상의 초당 프레임 수, 화면비율, 화질, 색온도, 조명 등 세부적인 요소를 정확하게 요구해야 원하는 결과물이 빠르게 생성됩니다. 요구사항에 맞게 결과물이 완성되었는지 검토할 때도 똑같이 영상편집 스킬의 전문성이 필요합니다. 영상과 영상이 부드럽게 이어지는지, 말이 잘리지 않았는지, 말하는 속도가 안정적인지 등을 평가하게 됩니다. 낮은 수준이라면 다시 요청할 수 있습니다. 직무의 전문성은 산산조각 나더라도 스킬의 전문성은 유지되어 결과물을 만들어내는 과정에서, 결과를 검토하는 과정에서 적극적으로 활용됩니다.

이제 여러분은 스킬을 확장해야 합니다. 내 스킬의 리스트가 다양하다면 직무가 사라지거나 역할이 달라지더라도 다른 역할을 찾을 수 있습니다. 앞으로의 일은 각 개인은 (현재 스킬을 개선하고 새로운 스킬을 개발하면서) 적절한 스킬을 제공한 다음, 특정 스킬이 더 이상 필요하지 않으면 다른 업무로 이동하는 형태를 띱니다. 이미 보유한 스킬을 바탕으로 인접한 분야에서 성장할 수 있는 기회를 갖습니다. 그러면서 자연스럽게 새로운 전문 스킬과 소프트 스킬, 인적 스킬에 대한 새로운 역량을 쌓아가면서 여러분은 더 성장하고 발전할 기회를 얻게 될 것입니다.

덕업일치

좋아하는 일에 깊이 빠져들어야 합니다. '좋아하는 일 vs 잘하는 일'을 두고 인류는 끊임없이 고민해왔습니다. 여기서 좋아하고 잘하는 일, 싫어하는 데 못 하는 일은 고민할 필요가 없습니다. 좋아하는 데 못 하거나, 잘하는 데 싫어하는 일은 문제가 되겠지요. 이것을 요약하면 재능이 먼저냐, 흥미가 먼저냐 두 가지로 구분이 됩니다. 앞서 수차례 언급했지만 자동화 기술이 적용된다면 인간이 일을 잘하냐 못 하냐는 크게 의미가 없어집니다. 대부분은 자동화 기술로 일을 더 깔끔하게 처리하게 될 것(스포츠, 문화, 예술 등 인간만 할 수 있도록 규정된 몇몇 분야를 제외하고 말이죠)이기 때문입

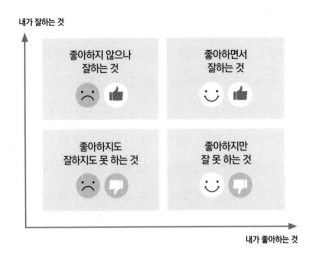

그림 23 | 좋아하는 일 vs 잘하는 일 매트릭스

니다. 그러면 일을 선택하는 기준은 흥미로 줄어들게 됩니다.

일론 머스크가 예견했듯 중장기적으로는 인간 노동의 생산성보다는 노동 그 자체에 대한 의미를 부여하는 시대가 옵니다. 앞서 호모 파덴스(재미와 의미를 동시에 추구하는 인간상)라는 개념을 미래 인간상으로 제시한 이유도 인간은 의미와 재미를 추구하는 것, 다시 말해 흥미 이외에는 현실 세계에 뿌리내리기 어려운 구조가 되기 때문입니다(기술이나 기능적인 부분은 자동화 기술이 대체할 것이기 때문이죠).

기계로 만들 수 있지만, 사람의 손으로 만들었다고 하면 가치를 인정해주는 제품들이 있습니다. 바로 '핸드 메이드Hand Made'인데요. 역설적이게도 기계가 모든 생산품을 사람보다 더 정교하고 빠르게 생산할 수 있게 된 지금, 핸드 메이드 가치는 더 높아지고 있다는 것입니다. 장인정신으로 만들어낸 자개 무늬 가구, 자수 한복, 도자기 등에 높은 브랜드 가치를 매기게 됩니다.

앞으로 우리는 자동화 기술로 노동이 빠르게 대체되어 간다면 오히려 사람이 쓴 것 같은 사람 냄새 나는 글, 한 땀 한 땀 손으로 그린 그림, 한 장면 한 장면 정성 들여 촬영한 영상, 사람들이 머리를 맞대고 그린 설계도, 사람이 직접 생산한 공산품, 각종 서비스들이 오히려 마케팅 요소가 되어 각광받을 것입니다. 여기에서 AI와 로봇과 차별화되는 가장 핵심은 작업자가 얼마나 그 분야에서 의미와 재미를 추구했느냐가 되겠지요.

따라서 지금 내가 좋아하고, 사랑하고, 의미 있다고 생각하는 일에 관심을 가져야 할 때입니다. 다른 사람들에게 관심을 받지 못하고, 사람들에게 도움이 되지 않아도 괜찮습니다. 사람들에게 인기 있고 도움이 되는 것부터 자동화 기술이 적용될 것이니 말이지요. 지금 어엿한 직업이 된 '프로게이머'도 30년 전에는 백수건달 소리를 들어가며 하던 일이었습니다. 최고의 인기 직업 '유튜버'도 마찬가지죠.

사람의 노동과 활동 그 자체가 가치를 얻는 시대가 다가오고 있습니다. 지금 내가 하는 일이 덕업일치라면 더할 나위 없이 좋지만, 아니더라도 지금부터 찾아보면 됩니다. 지금 주업은 내가 잘하는 일이라면 퇴근 후 취미나 부업은 꼭 내가 관심 있고 흥미 있는 일(쓸데없어 보이더라도)을 선택해보는 것은 어떨까요?

감성지능을 켜라

우리의 미래, 그리고 직장에서의 업무는 분명히 변화하고 있습니다. AI와 로봇이 단순 반복 업무를 처리하면서, 우리 인간은 더 큰 가치를 만들어가는 역할로 변화하고 있습니다. 그 가치는 바로 '소통'과 '관리'입니다. 이는 기존의 생산 방식과 창조적인 업무에서 본질이 변화한다는 것을 말합니다. 이에 따라 능력의 중요도도 달라지게 됩니다. 그중에서도 가장 중요한 것이 '감성지능'입니다.

감성지능이란 자신과 상대방의 감정을 인식하고 이해하며, 그것을 바탕으로 문제를 해결하는 능력을 말합니다. 이는 감정을 통제하고 변별하는 능력, 그리고 이를 통해 자신의 사고와 행동의 근거를 도출하는 능력을 포함하고 있습니다. 또한, 이는 긍정적이고 생산적인 관계를 구축하는 능력을 의미하기도 합니다. 이처럼 감성지능은 우리가 업무를 수행하고 관계를 형성하는 데 있어 중추적인 역할을 합니다.

감성지능의 중요성에 대해 에이미 브래들리 교수는 "근본적으로 일은 우리가 다른 사람들과 형성하는 관계의 질과 관련 있다"

고 말했습니다. 이 말은 사람들이 서로 어떻게 소통하고 협력하는 지가 업무의 성과에 결정적인 영향을 미친다는 것을 의미합니다. 만약 우리가 자신의 감정이나 타인의 감정을 이해하지 못한다면, 그것은 업무의 생산성을 저해하고 지속 가능성을 약화시킵니다.

마크 크레이머는 감성지능을 "갈등과 좌절을 다루는 법, 낙담한 사람들을 격려하는 법, 협상이나 업무를 완수하는 능력"에 해당한다고 말했습니다. 이렇게 볼 때, 감성지능은 사람들 간의 관계를 잇는 다리이며, 그것을 통해 생산적인 업무 환경을 조성하는 역할을 합니다.[38]

따라서 우리는 감성지능을 갖추는 것이 미래 업무 환경에서 필수적인 능력임을 인식해야 합니다. 그리고 이를 위해 우리는 자신의 감정을 이해하고 통제하는 방법을 배워야 하며, 또한 타인의 감정을 이해하고 그에 맞게 행동하는 법을 익혀야 합니다. 이를 통해 우리는 보다 더 효율적이고 생산적인 업무 환경을 만들 수 있을 것입니다.

감성지능은 단지 개인의 능력이 아닌, 조직 전체의 문화와 철학에도 깊게 관련되어 있습니다. 조직에서 감성지능을 중요하게 생각하고 그를 통해 소통하고 협력하는 문화를 형성한다면, 그것은 그 조직의 성과를 크게 향상시킬 수 있습니다. 또한, 이는 그 조직의 지속 가능성을 키우고, 모든 구성원이 보다 만족하고 행복한 업무 환경을 만들 수 있습니다.

결국, 감성지능은 미래의 업무 환경에서 우리가 갖춰야 할 필수적인 능력입니다. 우리는 AI와 로봇이 처리하는 업무를 바탕으로 자신의 역할을 재정의하고 탐색해야 합니다. 그것이 바로 우리가 직면한 '직무의 종말'에서 끊임없이 주변 사람들과 소통하며 새로운 시작을 찾고 준비하는 방법일 것입니다.

마무리

우리가 지금까지 살펴본 바에 따르면, 자동화 기술의 급속한 발전과 AI의 진화는 전통적인 직무의 개념을 변화시키고 있습니다. 이러한 변화의 소용돌이 속에서 우리가 주목해야 할 것은 단순히 기술적 측면만이 아닌, 인간의 역할과 능력의 새로운 정의입니다.

우리는 오픈AI의 CEO 샘 올트먼의 예측할 수 없는 미래에 대한 이야기에서 시작해, AI가 창의적인 분야까지도 능숙하게 해내는 현실에 이르기까지 다양한 사례를 통해 AI의 가능성과 한계를 탐구해왔습니다. 이를 통해 알 수 있는 것은 AI 시대에 성공하려면 우리 자신의 역할과 기술을 새롭게 정의하고, 적응해야 한다는 점입니다.

이 장에서 우리는 개인이 '직무의 종말'에 대처하는 다양한 방법을 탐색했습니다. 적극적으로 새로운 기술을 받아들이고, 정확한 질문을 하며, 스킬을 확장하고, 덕업일치를 추구하는 것, 그리고 감성지능을 키우는 것이 그 방법들입니다. 이러한 전략들은 우리가 변화하는 노동 환경에서 새로운 기회를 찾고, 미래의 도전에 대비하는 데 도움이 될 것입니다.

시대의 새로운 변화는 피할 수 없습니다. 그 속에서 우리가 할 수 있는 가장 중요한 일은 변화에 적응하고, 이를 통해 개인적으로 성장하는 것입니다. AI 시대는 단순히 새로운 도구의 등장을 의미하는 것이 아니

전략	설명
새로운 기술을 받아들이기	자동화와 AI 기술을 이해하고, 일상과 업무에 통합하기
정확한 질문하기	AI와 같은 도구를 효과적으로 활용하기 위해 구체적이고 정확한 질문하기
스킬 확장하기	다양한 스킬을 배우고 확장하여 유연하고 다재다능하게 대처하기
덕업일치 추구하기	자신이 좋아하고 의미 있게 여기는 일에 집중하기
감성지능 키우기	인간 간의 소통과 관계를 위해 감성지능 발전시키기

라, 인간이 어떻게 자동화 도구를 활용하여 더 나은 미래를 창조할 수 있을지에 대한 질문을 던집니다. 따라서 우리는 이러한 변화를 기회로 삼아야 하며, 이를 통해 개인의 역량을 강화하고, 사회 전반에 긍정적인 변화를 가져올 수 있는 방향으로 나아가야 합니다.

직무의 종말은 새로운 시작의 신호입니다. AI 시대에 우리가 할 수 있는 최선의 준비는 새로운 기술을 받아들이고, 이를 우리의 업무와 삶에 받아들이는 것입니다. 이를 통해 우리는 미래 사회와 노동 시장에서 더욱 가치 있는 역할을 할 수 있을 것입니다.

그렇다면 기업과 조직은 앞으로 어떻게 대응해야 할까요?

02

조직 차원에서 '직무의 종말' 대처하기

기업과 조직 차원에서는 어떻게 대응해야 할까요? 앞으로 20년 은 AI 트랜스포메이션의 시대가 될 것으로 예측합니다. 결국 조직 이 자동화 기술(AI와 로봇)과 결합해야만 생존할 수 있다는 의미입 니다. 하지만 쌓여 있는 과업 속에서 무엇부터 시작해야 할지 복잡 하고 혼란스럽기만 합니다. 변화에는 반발과 부작용이 함께 따라오 기 때문이지요. 우리는 지금부터 새로운 미래를 생각해야 합니다.

개인보다 조직에 더 큰 변화가 기다리고 있습니다. 이러한 변화 속에서 우리는 어떻게 대응해야 할지 지금부터 살펴보도록 하겠습니다.

자동화 기술에 문을 활짝 열기

자동화 기술에 문을 활짝 열어야 하는 이유는 명확합니다. 액센츄어 조사에 따르면 전체 근로시간 중 40%가 생성형 AI에 영향을 받는다고 합니다. 특히 IT와 기술 역할에서 근무시간의 73%를 생성형 AI가 바꿔놓을 수 있다고 합니다.[39] 그러나 이를 조직 내에 도입하는 데는 여러 어려움이 따릅니다. 먼저, 기술 유출에 대한 보안 문제에 직면하게 됩니다. 특히 생성형 AI는 외부 서버에 의존하게 되고, 이 과정에서 중요한 회사 정보가 외부로 유출될 위험이 있습니다. 이는 회사의 핵심 비즈니스 정보가 공개될 가능성을 야기하기 때문에 심각한 문제입니다. 또한, AI가 학습하는 과정에서 사용되는 데이터가 공공연한 사실로 박제될 수 있다는 우려도 있습니다.

이런 문제를 해결하기 위해 조직에서는 sLLM^small Large Language Model (소형 언어 모델)에 관심을 보이고 있습니다. sLLM은 훈련을 위한 소요 비용이나 시간을 절감할 수 있습니다. 또한, 다른 애플리케이션과 통합하기 편리합니다. 그리고 기업이 기존에 보유하고 있는 데이터를 활용하여 맞춤형으로 구축하기 수월하여 효율성이 좋다는 장점이 있죠. 이러한 이유로 기업에서 저마다의 언어 모델과 데이터를 기반으로 조직에 최적화된 생성형 AI를 구축에 관심을 갖고 있습니다.

직원들의 반발도 큰 장애물입니다. 자동화 기술이 도입되면서 일부 직원들이 직장을 잃을 수 있다는 두려움을 갖습니다. 이런 두려움은 직원들의 저항으로 이어지며, 이는 조직 내에서 자동화 기술 도입을 어렵게 만듭니다.

특히, 전문적인 조직일수록 반발이 심합니다. 의사, 변호사, 회계사, 세무사 등 전문 직업인들은 새로운 변화를 받아들이기 어렵습니다. 이들은 자신의 전문성과 노하우가 AI에 의해 대체될 수 있다는 두려움을 가지고 있습니다. 더욱이 원자력, 방위, 제약 산업 등 특수한 분야의 소수 전문가는 자신의 지식을 자동화 기술에 반영하는 것을 더욱 꺼리게 됩니다. 해당 정보를 입력하는 행위 자체가 인류에 위협이 될 수 있음을 우려합니다. 만약 공개되는 경우 조직만의 지식이 공공제로 만들어질 수 있어 조직 자체의 존재 가치가 희미해질 수 있다는 우려도 있습니다.

결국, 자동화 기술 도입에는 신중함이 요구됩니다. 자동화 과정에서 발생하는 문제점들을 해결하기 위한 다양한 대안이 제시되어야 합니다. 이러한 과정을 통해 우리는 새로운 기술 도입과 기존의 인간 중심의 업무 방식 간의 균형을 찾아가게 될 것입니다. 이 과정에서 전문가들의 지식과 경험, 그리고 직원들의 참여와 의견이 반영되어야 합니다. 이는 자동화 기술의 도입이 단순히 기존의 업무 방식을 대체하는 것이 아니라, 그것을 보완하고 향상시키는 방향으로 진행되어야 합니다. 조직에 자동화 기술을 적용하기 위해 고려할 사항을 다음 〈표 21〉의 체크리스트를 활용해 확인해보기 바랍니다.

표 21 | 생성형 AI와 로봇 도입 시 조직 고려사항 체크리스트

분류	체크리스트 항목	설명 및 고려사항
기술적 준비	기술적 요구사항 평가	AI와 로봇이 조직의 기술 인프라와 호환되는지 확인
	데이터 보안 및 개인정보 보호	데이터 보안 정책 검토 및 준수, 개인정보 보호 조치 강화
	시스템 통합	기존 시스템과의 통합 가능성 및 필요한 조정 사항 파악
	지속적인 유지보수 및 업데이트	AI 및 로봇 시스템의 정기적인 유지보수 및 업데이트 계획 수립
경제적 고려 사항	비용 대비 효과 분석	도입 비용 대비 예상되는 효과 분석
	투자 대비 수익 예측	장기 및 단기 수익 예측
	예산 계획	AI 및 로봇 도입 및 운영에 필요한 예산 계획 수립
인력관리	직원 교육 및 개발	AI 및 로봇 기술에 대한 교육 제공, 필요한 기술 역량 개발 지원
	조직문화 및 변화 관리	기술 도입에 따른 조직 문화 변화 관리, 직원들의 적응 지원
	업무 재구성 및 인력 배치	기존 업무의 재구성, AI 및 로봇 도입으로 변경되는 인력 배치 고려
법 및 규제	법/규제/기술표준 준수	관련 법률 및 규제 준수 여부 확인, 업계 표준에 맞는 시스템 도입
	윤리적 고려사항	AI 및 로봇 사용과 관련된 윤리적 문제 인식 및 관리
성과 측정 및 관리	성과 지표 설명 및 모니터링	명확한 성과 지표 설정, 정기적인 모니터링 및 평가
	위험 관리 및 대응 계획	잠재적 위험 요소 파악 및 대응 계획 수립

자동화 기술을 먼저 적용할 영역과 충분한 보완과 내부 서버를 확보한 후 적용해야 할 영역으로 나눠서 단계적으로 접근하는 것이 바람직합니다. 조직의 업무 중 보안과 직원들의 반발이 적은 영역이 무엇인지 살펴보기 바랍니다. 그리고 자동화 기술의 문을 활짝 열고 받아들여야 합니다.

의사결정력, 선택의 퀄리티를 높여라

모든 직원이 의사결정을 내려야 하는 시대가 되었습니다. 각자 의사결정의 크기와 무게감은 다르겠지만 기본적으로 모든 직원은 AI와 로봇이 만든 결과물을 검토하고 피드백해야 합니다. 의사결정의 능력이 그 어느 때보다 중요해지는 시대가 됩니다.

우리가 살아가는 세상은 점점 더 복잡해지고 있습니다. 그 복잡성은 우리의 일상생활부터 전문 직업에 이르기까지 모든 분야에 영향을 미치고 있습니다. AI와 로봇이 많은 작업을 대체하고 있지만, 그들이 다루기 어려운 문제들이 여전히 존재합니다. 그 문제들 중 하나가 바로 의사결정입니다.

의사결정은 매우 복잡한 과정입니다. 우리는 직장생활에서 수많은 결정을 내려야 합니다. 예를 들어 아침에 일어나서 무엇을 입을지, 어디로 출근할지, 어떤 일을 먼저 처리할지 등등. 이러한 일상적인 결정들도 때로는 우리에게 스트레스를 주지만, 그럼에도 불구하고 우리는 이러한 결정을 내리는 데 익숙해져 있습니다.

하지만 AI와 로봇이 우리의 일상생활과 직업에 점점 더 많은 영향을 미치면서, 우리가 내려야 하는 결정들의 중요성은 더욱더 커지고 있습니다. AI와 로봇은 우리가 흔히 말하는 '루틴^Routine 작업'을 대체할 수 있습니다. 즉 반복적이고 기계적인 작업들은 AI와 로봇에 의해 대체될 수 있습니다. 그러나 복잡하고 다양한 변수가 관련된 결정은 여전히 인간의 영역입니다.

이런 상황에서 우리가 직면하는 중요한 문제는 AI와 로봇이 만들어낸 결과물을 '어떻게 평가하고 의사결정할 것인가?'입니다. AI와 로봇은 결정을 내리는 과정에서 취합된 데이터와 알고리즘에 의해 도출된 결과물을 제공합니다. 그러나 그 결과물이 항상 옳은 것은 아닙니다. 때로는 그 결과물이 잘못되었거나, 우리의 가치관이나 원칙과 맞지 않을 수도 있습니다. 이런 경우, 우리는 어떻게 의사결정을 내릴 것인지가 중요한 문제가 됩니다.

'에릭 콜슨^Eric Colson'에 의해 제시된 인공지능과 인간의 판단을 동시에 활용한 의사결정 모형을 살펴보면 앞으로 의사결정은 어떻게 바뀔지에 대해 예측해볼 수 있습니다. AI 시대 경영 환경에서는 AI와 인간이 조화를 이루며 의사결정의 질을 높여야 합니다. AI는 데이터를 효과적으로 처리하고 분석하지만, 인간의 역할은 여전히 중요합니다. 인간은 기업의 비전, 전략, 가치와 같은 비즈니지털적 요소들을 이해하고, 이를 의사결정에 통합하는 과정이 필수적입니다.

예를 들어 AI는 비용 절감을 위한 공급망 최적화를 제안할 수 있지만, 기업은 지속 가능한 생산을 추구하면서도 환경적 책임을 우선시할 수 있습니다. 이는 단기적 비용 절감보다 장기적인 브랜드 가치와 명성을 중시하는 결정입니다. 또한, AI가 고객 행동 데이터를 분석하여 특정 제품의 수요 증가를 예측할 수 있지만, 인간은 시장 트렌드, 경쟁사 동향, 사회적 변화 등을 고려하여 더 포괄적인 마케팅 전략을 수립할 수 있습니다. 품질 향상이나 지속 가능한 성장을 위한 전략적 결정은 인간의 판단이 요구됩니다. 이러한 상황에서 인간은 AI가 제시한 여러 가능성 중에서 최적의 대안을 선택합니다.

다시 말해 AI는 다양한 가능성을 제시하는 데 유용하지만, 최종 결정은 인간의 전략적 사고와 가치 판단에 달려 있습니다. AI의 목표가 인간의 업무 부담을 줄이는 것일 수도 있고, 때로는 인간의 판단을 기반으로 AI가 데이터를 처리하도록 설정할 수도 있습니다. 결국, AI와 인간의 협력은 의사결정 과정을 강화하고, 더 나은 결과를 도출할 수 있도록 합니다.

이러한 접근은 의사결정의 복잡성을 감소시키고, 의사결정 과정에서 인간의 창의적이고 전략적인 사고를 중시합니다. 완전하고 정확한 정보의 제공이 이상적이지만, 인간과 AI의 결합은 불완전

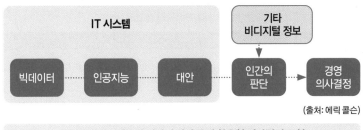

(출처: 에릭 콜슨)

그림 24 | 인공지능과 인간의 판단 동시 활용형 의사결정 모형

한 정보 속에서도 뛰어난 의사결정을 가능하게 합니다.

결국, 직무의 종말 시대에서 우리가 직면하는 가장 중요한 문제는 의사결정입니다. 우리는 AI와 로봇이 만들어낸 결과물을 평가하고, 그에 대한 의사결정을 내리는 능력을 키워야 합니다. 이는 단순히 정보를 처리하는 능력을 넘어서 정보를 분석하고 가치를 판단하며, 그에 따라 적절한 결정을 내리는 능력을 의미합니다. AI 시대 올바른 의사결정을 위해 다음 〈표 22〉의 체크리스트를 참고해보시죠.

이러한 의사결정 능력은 미래의 직무 환경에서 가장 중요한 능력 중 하나가 될 것입니다. AI와 로봇이 우리의 일상생활과 직업에 점점 더 많은 영향을 미치는 시대에서 우리는 그들이 만들어낸 결과물에 대한 평가와 의사결정을 내리는 능력을 키워야 합니다. 이러한 능력은 우리가 새로운 시대에 대응하고, 더 나은 미래를 만들어가는 데 중요한 역할을 할 것입니다.

표 22 | AI 시대 의사결정 체크리스트

구분	체크리스트 항목	설명
데이터 분석	AI의 데이터 처리 및 분석 활용	AI가 제공하는 데이터 분석 결과를 활용하여 기초적인 정보를 얻기
인간적 요소 고려	비디지털 요소의 이해 및 통합	기업의 비전, 전략, 가치, 시장 역학 등 비디지털 요소를 고려
결과 평가	AI 제안과 인간 판단의 비교	AI의 제안과 인간의 판단을 비교하여 균형 있는 결정을 모색
전략적 의사결정	장기적 관점에서의 선택	이윤 극대화뿐만 아니라 고객 경험, 품질, 성장 등 장기적 관점을 고려
위험 관리	잠재적 위험과 편향 인식	AI의 데이터 해석에서 발생할 수 있는 위험과 편향을 인지하고 관리
윤리적 고려	의사결정의 윤리적 측면 검토	결정이 조직의 윤리적 기준과 일치하는지 확인
협력적 접근	인간과 AI 간의 협력 강화	AI와 인간 간의 상호작용을 통해 의사결정 과정을 강화
최종 결정	인간이 종합 판단 후 최종 결정	AI의 분석과 인간의 판단을 바탕으로 최종 결정

의사결정의 중요성은 점점 더 커지고 있습니다. 우리는 이를 인지하고, 자신의 의사결정 능력을 키우는 데 주력해야 합니다. 이렇게 해야만 우리는 AI와 로봇이 만들어낸 결과물에 대해 올바른 판단을 내릴 수 있고, 더 나은 미래를 만들어갈 수 있을 것입니다.

취미, 흥미, 여가를 장려하라

AI와 로봇이 일상과 직장에서 점점 더 많은 역할을 수행하게 되면서, 인간은 어떤 역할을 하게 될까요? 일부는 '루틴 작업'이 사라지면서 인간의 역할이 줄어들 것이라고 걱정할 수 있습니다. 하지만 사실 이는 우리에게 새로운 기회를 제공합니다. 그 기회는 바로 '비非루틴 작업', 즉 창의적인 생각과 독창적인 아이디어를 만들어내는 능력입니다.

이런 창의적인 아이디어와 인사이트는 어디서 올까요? 대부분 '취미, 흥미, 여가'에서 비롯됩니다. 우리가 취미나 여가 활동을 즐길 때, 우리의 뇌는 새로운 아이디어와 연결고리를 찾아내는 데 필요한 자유로운 공간을 얻게 됩니다. 이런 활동들은 우리의 사고를 확장하고, 새로운 관점을 제공하며, 다양한 문제해결 방법을 탐색할 수 있게 합니다.

여기서 중요한 것은 이런 창의적인 생각과 아이디어가 단순히 개인의 취미나 여가 활동에서만 권장할 것이 아니라, 조직 전체에서도 적극적으로 장려되어야 한다는 점입니다. 우리가 '취미, 흥미, 여가'를 즐길 때 얻을 수 있는 이런 창의력과 혁신력은 앞으로 AI와 로봇이 확산하면서 일에서 새로운 아이디어와 인사이트가 더욱 중요해지는 시대가 되었습니다. 따라서 조직에서는 '취미, 흥미, 여가'를 장려해야 합니다. 이것은 단순히 직원들의 행복과 만족도를 높이는 것뿐만 아니라, 조직의 창의력과 혁신, 생산성을 향상시키는 데 중요한 역할을 합니다. 이를 위해 조직은 다양한 방법을 활용할 수 있습니다.

첫째, 직원들이 자신의 취미나 흥미를 공유하고, 서로 다른 아이디어를 나누는 시간을 가지도록 장려할 수 있습니다. 이런 활동은 직원들 사이에 새로운 연결고리를 만들어내고, 다양한 배경과 경험을 바탕으로 새로운 아이디어를 만들어낼 수 있게 합니다. 또한 이런 활동은 직원들이 서로를 더 잘 이해하고, 서로의 아이디어를 존중하고, 서로의 창의력을 촉진하는 데 도움이 됩니다.

둘째, 조직은 직원들이 여가 시간에 새로운 스킬이나 지식을 배울 수 있도록 지원할 수 있습니다. 이는 직원들의 개인적인 성장뿐 아니라, 조직의 성장에도 기여할 수 있습니다. 예를 들어 직원들이 새로운 기술이나 기법을 배우게 되면, 이는 조직의 창의력과 혁신력을 향상시키는 데 도움이 될 수 있습니다. 또한, 직원들이 여가시간에 새로운 스킬과 지식을 배우게 되면, 이는 조직의 문제 해결 능력을 향상시키는 데 도움이 될 수 있습니다.

셋째, 조직은 직원들이 일과 취미, 흥미, 여가를 균형 있게 조화시킬 수 있도록 도와야 합니다. 이는 직원들이 효과적으로 스트레스를 관리하고, 일과 삶의 균형을 유지하면서, 동시에 창의력과 생산성을 높일 수 있도록 도와줍니다. 이를 위해 조직은 직원들에

표 23 | 조직 구성원의 취미, 흥미, 여가 개발 전략

전략	설명	설명
취미 및 흥미 공유	직원들이 취미와 흥미를 공유하며 아이디어를 나누는 시간	상호 이해 증진 아이디어 교환 팀워크 강화
새로운 스킬/지식 배우기	직원들은 여가 시간에 새로운 스킬과 지식을 배울 수 있도록 지원	개인 및 조직적 성장 문제해결 능력 향상
일과 여가의 균형 조화	직원들은 일과 취미, 흥미, 여가를 균형 있게 조화시킬 수 있도록 도움	스트레스 감소 워크-라이프 밸런스 개선 생산성 및 창의력 증가

게 충분한 휴식 시간을 제공하고, 일과 취미, 흥미, 여가를 균형 있게 조화시킬 수 있는 환경을 만들어줘야 합니다.

결국, 직무의 종말 시대에서 조직의 성공은 단순히 AI와 로봇을 얼마나 잘 활용하는지에만 달려 있는 것이 아니라, 직원들이 새로운 아이디어와 인사이트를 만들어내는 능력을 얼마나 잘 활용하는지에도 달려 있습니다. 이런 능력을 향상시키는 가장 좋은 방법 중 하나는 '취미, 흥미, 여가'를 통한 창의력의 발현입니다. 그래서 이러한 활동들을 조직에서 장려하고 지원하는 것이 중요합니다.

이번 장에서 우리는 조직이 '직무의 종말'에 대응하는 방법을 탐색했습니다. AI와 로봇의 시대는 단순히 기술적 전환을 넘어서 조직의 구조와 문화, 그리고 전략에 깊은 변화를 요구합니다. 이 장에서 논의된 주요 전략들은 조직이 이러한 변화에 효과적으로 대처하고, 새로운 기회를 포착하기 위한 방향을 제시합니다.

• 자동화 기술에 문을 활짝 열기: 이는 기술적 혁신을 받아들이고 조직 내에 통합하는 과정이며, 보안과 직원들의 우려를 해소하는 데 중점을 두어야 합니다.

• 의사결정력, 선택의 퀄리티 높이기: 모든 직원이 의사결정에 참여하고, AI와 로봇이 제공하는 정보를 바탕으로 고도의 판단력을 발휘해야 합니다.

• 취미, 흥미, 여가를 장려하기: 이는 창의력과 혁신을 촉진하며, 직원들이 개인적인 측면과 업무적인 측면에서 성장할 수 있는 환경을 조성합니다.

이러한 전략들은 조직이 미래에 대비하고, AI 시대에 새로운 가치를 창출하는 데 필수적입니다. 자동화 기술의 도입과 의사결정의 질을 향상시키는 것은 조직의 효율성과 경쟁력을 높이는 동시에, 취미와 흥미를 장려하는 것은 직원들의 창의력과 만족도를 높이는 데 기여합니다.

조직은 이러한 변화를 통해 단순히 생존을 넘어서 성장하고 혁신할 수 있는 기회를 얻습니다. AI 시대는 단순히 기술의 발전이 아니라, 인간과 기술이 상호작용하는 새로운 방식을 탐색하는 과정입니다. 조직은 이러한 상호작용을 통해 새로운 비전을 구현하고, 더 나은 미래를 위한 전략을 수립할 수 있습니다.

따라서 AI와 로봇의 시대에 조직은 단순한 기술 도입을 넘어서 인간의 역할과 가치를 재정의하고, 새로운 작업 방식을 개발하며, 지속 가능한 성장을 위한 전략을 구축해야 합니다. 이를 통해 조직은 변화하는 노동 시장에서 지속 가능하고 경쟁력 있는 미래를 만들어갈 수 있을 것입니다.

이번 장을 통해 우리는 AI와 자동화 기술이 가져올 변화의 물결 속에서 개인과 조직이 어떻게 적응하고 번영할 수 있는지에 대해 탐색했습니다. 7장에서는 '직무의 종말'이라는 현실에 직면해 필요한 적응 전략과 태도를 제시합니다.

개인 차원에서는 새로운 기술을 받아들이고, 정확한 질문을 하는 법을 배우며, 스킬을 확장하고, 덕업일치를 추구하며, 감성지능을 강화하는 것이 중요합니다. 이러한 접근은 개인이 미래의 노동 시장에서 가치 있는 역할을 할 수 있도록 준비하는 데 도움이 됩니다.

조직 차원에서는 자동화 기술을 채택하고 통합하는 과정을 중시하며, 의사결정력의 품질을 높이고, 취미와 흥미를 장려하여 직원들의 창의력과 혁신을 촉진해야 합니다. 이러한 전략은 조직이 변화하는 시장에서 경쟁력을 유지하고, 새로운 기회를 창출하는 데 중요합니다.

이 시대의 핵심은 변화에 유연하게 대응하고, 기술과 인간이 서로 보완하는 관계를 형성하는 것입니다. 인간과 자동화 기술이 성공적인 관계를 맺는다면 AI와 로봇은 우리의 업무를 완전히 대체하기보다는 서로 보완하고, 우리의 역량을 향상시키는 도구로 활용될 수 있습니다. 따라서 우리는 기술이 가져오는 변화를 두려

전략	요약
자동화 기술에 문을 활짝 열기	기술 혁신을 채택하고 조직 내 통합, 보안과 직원 우려 해소에 중점
의사결정력 선택의 퀄리티 높이기	모든 직원이 의사결정에 참여, AI와 로봇의 정보를 바탕으로 판단력 강화
취미, 흥미, 여가를 장려하기	창의력과 혁신 촉진, 직원의 개인적/업무적 성장을 위한 환경 조성

워하기보다는 이를 기회로 삼아 새로운 역량을 개발하고, 새로운 가치를 창출해야 합니다.

'직무의 종말 시대에서 살아남기'는 단순히 생존을 넘어서, 변화하는 시대의 흐름 속에서 개인과 조직이 어떻게 성장하고 번영할 수 있는지를 탐색하는 여정입니다. 이 장을 통해 제시된 전략들은 우리 모두에게 이 변화의 시대에 적응하고, 새로운 기회를 포착하는 데 도움이 되기를 바랍니다.

자동화 기술의 습격은 이미 시작되었다

책을 처음 구상하고 있을 때 사람들은 자동화 기술의 매력에 푹 빠져 모두가 'AI 예찬론'을 펼치고 있었습니다. 그 모습은 마치 저자가 'AI 채용 솔루션'에 대해 연구하기 시작한 시점에 AI 솔루션에 관심 갖는 인사담당자들의 모습과 비슷했습니다. AI 채용 솔루션이 인사담당자들의 채용에 영향을 줄 것이 훤히 보였는데도 말이죠. 생성형 AI가 발전을 거듭하고 있는 지금 우리는 점점 더 불안해지고 있습니다. 더 성능이 좋아지고 다양한 학습 능력을 가지게 되는 데 꽤 시간이 걸릴 것이라고 예상했지만, 기술의 발전은 사람들이 충분하게 준비할 수 있도록 기다리지 않습니다.

가속도가 붙은 기술 개발은 더 빠르고 더 파괴적입니다. 저자가 예상한 것과 같이 미국 IT 전문 매체 디인포메이션에서 "광고 사업에 AI를 도입한 구글은 최근 광고 판매 부서 직원들에게 대규모 구조조정이 일어날 것이라고 예고했습니다." AI가 인력 배치를 바꾸거나 아예 대체하는 일이 현실이 되고 있고, 관련 안전망 준비가 시급하다는 이슈를 이야기하기 시작했습니다. 자동화 기술의 위협은 미국과 일부 기술 기업의 문제가 아니라 전 세계적인 이슈가 될 것이고, 모든 산업군으로 확산될 것입니다. 더 큰 문제는 생성형 AI의 문제는 이제 시작일 뿐이고, 로봇의 대중화는 이제 준비 단계에 불과하기 때문입니다.

우리는 다음 시대를 준비해야 합니다. 많은 사람이 모여서 힘을 합쳐 문제를 해결하고 제품을 생산하는 모습들은 우리 곁에서 조금씩 사라질 것입니다. 그와 반대로 거대한 개인이 출현해 AI와 로봇과 함께 많은 일을 혼자서 처리할 수 있게 됩니다. 기업의 조직도 이에 맞춰 변화를 준비할 것입니다. 더 이상 큰 규모의 조직보다 소수정예 멤버와 스마트한 자동화 기술이 함께한다면 기업의 문제를 훌륭하게 해결할 수 있습니다.

우리도 새로운 시대로 나아가야 합니다. 초기 산업화 시대에 기계에 의해 대책 없이 일자리에서 내몰리지 않도록 보호할 수 있는 법률과 행정 절차들을 손봐야 합니다. 그리고 자동화 기술을 보유한 기업이 모든 이익을 독식하지 못하도록 방어장치도 마련해야 합니다. 이 모두가 사회적 논의가 필요한 부분입니다. 함께 생각하고 논의하고 움직여야 합니다.

또 개인의 차원에서도 새로운 변화를 받아들여야 합니다. 20년 전 유튜브로 돈을 번다고 하면 모두가 비웃었을 것입니다. 플랫폼에서 콘텐츠를 만들고 활용하는 사람들이 점점 가난해지면 그 플랫폼을 아무도 찾지 않게 될 것입니다. 유튜브에 수익 모델이 붙고 유튜버와 관련 종사자들이 수익을 올릴 수 있는 시스템이 생기는 이유도 그러합니다. 같은 이유로 생성형 AI 플랫폼 그리고 로봇이 수익화와 연결되고, 그것이 새로운 부의 창출 수단이 될 가능성이 큽니다. 오픈AI에서 GPTs와 챗GPT 스토어를 출시한 것도 비슷한 이유일지도 모릅니다. 그래서 우리는 개인 차원에서도 변화의 시기를 잘 준비해야 합니다.

조직의 차원에서도 마찬가지입니다. 기업에서 AI와 로봇과의 협업은 너무나 군침 도는 제안입니다. 하지만 기계에 의해 소외된 노동자들이 대공황의 단초가 되었듯 급격한 변화는 시장 생태계의 근본을 바꿔 버릴 것입니다. 먼저 자동화 기술을 적용할 분야와 그렇지 않은 분야로 구분해야 합니다. 또 개인의 권한이 커지는 시대에 발맞춰 직원들의 의사결정력을 높이고, 더 창의적인 아이디어를 발산할 수 있도록 다양한 경험을 쌓도록 장려해야 합니다. 결과적으로 조직과 개인 모두 상생해야 하기 때문입니다.

직무의 종말이라는 제목에서부터 디스토피아적인 느낌이 물씬 풍깁니다. 전반적인 구성에서도 위기감을 조성할 만한 이야기들이 담겨 있기도 합니다. 우리의 미래는 어떨까요? 로봇이 인간을 공격하는 모습, AI가 거짓 정보를 퍼뜨리는 모습, 자동화 기술에 인류가 지배당하는 모습이 떠오르기도 합니다. 물론 최악의 상황을 가정하고 또 준비해야겠지요.

하지만 인류가 지금까지 늘 그래왔듯 새로운 기술 앞에서 새로운 지혜를 발휘해왔습니다. 덕분에 우리의 조상들보다 훨씬 윤택한 삶을 살아가고 있다고 해도 과언이 아닙니다. 미국의 엄청난 재벌이었던 록펠러보다 현대의 평범한 미국인이 높은 삶의 질을 영위하고 있다고 합니다. 이 모든 것이 기술의 진보 덕을 누리고 있습니다. 자동화 기술이 만드는 미래도 마찬가지이길 기도합니다. 로마의 귀족과 같이 더 인간다운 삶을 영위하고, 더 도전적이고 발전적인 삶의 의미와 재미를 찾아서 마음껏 세상을 누리는 시대 말이죠.

우리 모두가 다시 한번 용기를 내어볼 때입니다. 기계가 처음 등장했을 때, 컴퓨터가 처음 보급되기 시작할 때, 스티브 잡스가 스마트폰을 들고 세상을 놀라게 했을 때 그 어떤 순간도 우리에게 위기가 아닌 적은 없었습니다. '위기危機'의 '기機' 자는 기회를 의미합니다. 자동화 기술을 인간이 완벽하게 다루고 제어하기까지는 여러 우여곡절이 있을 것입니다. 하지만 이 과정이 인류가 새롭게 진화하고 더 멋진 문명을 만들어가는 과정이라고 생각해보는 것은 어떨까요? 심해와 드넓은 우주 속에 감춰져 있는 비밀을 푸는 열쇠가 그 안에 있을지도 모릅니다.

직무의 종말이 새로운 시대를 살아가는 여러분께 나침반이 되기를 바라며 글을 마칩니다.

2024년 3월 새로운 미래를 기대하며
최준형 씀

미주

1   《노동의 종말》, 제레미 리프킨 104~117P

2   https://www.mk.co.kr/economy/view/2011/64968

3   https://www.donga.com/news/Inter/article/all/20230510/119221023/1

4   https://www.joongang.co.kr/article/25188463

5   마이크로소프트, 업무동향지표(Work Trend Index) 2023

6   생성형 AI의 생산성 효과에 관한 실험적 증거, Shakked Noy·Whitney Zhang

7   [세계경제포럼(WEF)] The Future of Job Report 2023

8   "The Convergence of Medical Robots and Artificial Intelligence: Opportunities and Challenges", Michelle Whipp, Septimus Salkudien, Science, 2023. 07. 21

9   "A deep learning approach for the automated detection of hip fractures in radiographs", M. A. A. Jones et al., Scientific Reports, 2022. 06. 23

10 변협, 로톡과의 전쟁 완패…법무부, 로톡 가입 변호사 징계 전면 취소, 중앙일보, 2023. 09. 26

11 The Potentially Large Effects of Artificial Intelligence on Economic Growth (Briggs/Kodnani), 2023. 03. 26

12 인공지능 시대, 세무사는 살아남을 수 있을까, 국세신문, 2023. 04. 27

13 https://www.asiae.co.kr/article/2023022708383627369

14 https://www.joongang.co.kr/article/25167276#home

15 단순 상담은 이제 AI챗봇이…이케아, 콜센터 직원 8500명 직무 변경, 뉴스1, 2023. 06. 13

16 딜로이트 2023 글로벌 인적자원 트렌드 보고서, 10p

17 《초인류》, 김상균, 284p

18 직장인 10명 중 8명, N잡 경험, 잡코리아, 2023. 08. 03

19 "월급만 안 올라 뭐든 해야" 온라인·AI 활용 'N잡러' 54만 명, 중앙선데이, 2023. 10. 21

20 https://www.saladentreport.co.kr/news/articleView.html?idxno=1689

21 https://www.asiae.co.kr/article/2023052615490703575

22 직업 가치관 및 'N잡러(슬래셔)' 관련 인식 조사, EMBRAIN, 2023. 10. 29

23 디지털 트랜스포메이션(DT)과 AI 트랜스포메이션(AIT), 무엇이고 왜 필요한가?, 데이터와 비즈니스 이야기, 2022. 07. 31

24 지능형 생산 공장의 브레인, AI 기술, 현대자동차그룹, 2023. 11. 21

25 텐일레븐, 20억 원 투자 유치⋯AI로 건축설계 자동화 '빌드잇' 개발, 2021

26 《직업의 종말》, 테일러 피어슨, 24p

27 https://www.donga.com/news/Inter/article/all/20231103/122009806/1

28 딥마인드, AI로 세상에 없던 물질 38만개 찾았다, 조선경제, 2023. 12. 01

29 딜로이트 2023 글로벌 인적자원 트렌드 보고서, 13p

30 Deloitte Insights, 2021 No. 20, 일의 미래: 직무를 탈피하다, 206p

31 https://n.news.naver.com/article/014/0005099037?lfrom=kakao

32 AI와 인간의 공존 시대, HR의 역할

33 《초인류》, 김상균, 318~323p

34 https://www.joongang.co.kr/article/21043931#home

35 AI-드론 '날고', 자율주행-메타버스 '기고'⋯엇갈린 명암, 한국일보, 2023. 12. 30

36 알트먼 오픈AI CEO "AI 창의성 과소평가했다, 포춘코리아, 2023. 10. 19

37 https://arstechnica.com/information-technology/2023/12/is-chatgpt-becoming-lazier-because-its-december-people-run-tests-to-find-out/

38 '감성 지능'이 리더들에게 각광받는 이유, BBC 워크라이프, 2022. 10. 16

39 AI for everyonecenture, 2023. 03. 22

직무의 종말 AI와 로봇이 인류를 대체하기 시작한 세상

초판 1쇄 발행 2024년 4월 4일
초판 2쇄 발행 2024년 7월 15일

지은이 최준형

편집 정은아 **디자인** 새섬
마케팅 임동건 **경영지원** 이지원
출판총괄 송준기 **펴낸곳** 파지트 **펴낸이** 최익성

출판등록 제2021-000049호
주소 경기도 화성시 동탄원천로 354-28 **전화** 070-7672-1001
이메일 pazit.book@gmail.com **인스타** @pazit.book

ⓒ 최준형, 2024
ISBN 979-11-7152-040-4 03320

THE STORY FILLS YOU
책으로 펴내고 싶은 이야기가 있다면, 원고를 메일로 보내주세요.
파지트는 당신의 이야기를 기다리고 있습니다.